Koreanisch

kannst du auch

Koreanisch
kannst du auch

von Andreas Schirmer
Mit Illustrationen von Cha Mihee

Band 1

prae
sens

이 저서는 2013년도 정부(교육부)의 재원으로 한국학중앙연구원(한국학진흥사업단)의 지원을 받아 수행된 연구임(AKS-2011-BAA-2105)
This work was supported by the Academy of Korean Studies (KSPS) Grant funded by the Korean Government (MOE)
AKS-2011-BAA-2105

Dieses Buch ist eines der Resultate der mehrere Teilprojekte umspannenden Vienna Digital Korean Studies Platform. Diese Plattform wird von der koreanischen Akademie für Koreastudien (Academy of Korean Studies) im Rahmen ihres weltweiten Förderungsprogramms Overseas Leading University Program for Korean Studies (OLUKS) seit 2011 großzügig gefördert.
Direktor: Rainer Dormels
Vize-Direktor: Andreas Schirmer
Administration: Choi Ji-Young
Die Vienna Digital Korean Studies Platform ist zugänglich via www.univie.ac.at/koreanologie
Auf der Plattform finden sich auch die Add-ons zum vorliegenden Buch.

Koreanisch kannst du auch. Band 1
Konzept und Inhalt: Andreas Schirmer
Illustrationen: Cha Mihee
Phasenweise Projektassistenz, ermöglicht durch Mittel des OLUKS-Projekts: Choi Hyerim, Norbert Eigner, Kim Ji-Young, Kim Minok, Na Chanmi, Nikolaus Nagl, Wolfgang Pirkfellner, Lilith Isa Samer, Yang Soomin
Weitere teilweise Projektmitarbeit, ermöglicht durch Mittel des OLUKS-Projekts: Choi Ji-Young, Birke Dockhorn, Kim Soyoung, Lee Miho, Christian Lewarth, Oh Hyun-Sook, Park Haeree, Veronika Shin
Freiwillige Mitarbeit: Zoya Anjum, Christina Bleyer, Katharina Cziczatka, Tanja Filcz, Denise Gebhart, Matthias Glaser, Petra Chaberova, Christiana Feistritzer, Philipp Haas, Kim Jihyun, San Yu-Hwa, Alfred Schnabl, Tabea Schwaiger, David Spreitzhofer, Patrick Vierthaler
Cover und Layout: Hidsch

Druck: FINIDR s.r.o.
Printed in Czech Republic
ISBN: 978-3-7069-0746-0

Vorwort

Dieses Buch braucht keine Benutzungsanleitung. Stattdessen hier nur einige Worte zur Entstehung und den Absichten.

Es erscheint fast anmaßend, ein neues Lehrbuch für Koreanisch herauszubringen. In Wahrheit war die ursprüngliche Absicht tatsächlich ja auch nur die, den „Zwerg auf den Riesenschultern" zu spielen. Als Riesenschultern hätte ein etabliertes Lehrwerk herhalten sollen. Man hätte dabei die Qual der Wahl gehabt, gibt es doch in Korea mehrere Universitäten, die sich einen fruchtbaren Wettstreit um den Ruf als Institution mit dem besten Koreanisch-für-Ausländer-Programm liefern. Dieses Lehrwerk hätten wir dann aus dem Koreanischen vollständig, mit sämtlichen Erklärungen und Beispielsätzen, übersetzt, den Inhalt mit Kommentaren und Notizen aller Art versehen, mit eigenen Übungen angereichert und damit den Lernern generell viel mehr Input (als in der Vorlage der Fall) gegeben.

Und gleichzeitig hätte es sich dieses Zwerg-auf-Riesenschultern-Lehrbuch zur Aufgabe gemacht, den Lernenden gewissermaßen über die Schulter zu schauen, damit es nachfolgende Lerner leichter haben, und die Beobachtung und Begleitung der Lerner zum Inhalt des Lehrbuchs selber zu machen (also nicht allein an Unterricht oder Tutorium zu delegieren). Den Lernenden über die Schultern schauend und sie auf ihren Wegen und Holzwegen begleitend, hätte dieses angedachte Lehrbuch Fehleranalysen, einen Lernerblog und Antworten auf die bei den Lernern aufkommenden Fragen geboten. Der Plan war, ein offenes, laufend erweitertes und aktualisiertes Lehrbuch zu schaffen, bei dem die Lern-Realität stets neu einfließt, wodurch neue Inhalte anfallen, die sich sukzessive um den ursprünglichen Kern anlagern. Die Menge an Ergänzungen hätte sich aber auch leicht verwalten lassen, weil ein Online-Medium die Möglichkeit bietet, Inhalte zu verbergen bzw. in die Tiefe zu staffeln, so dass der Benutzer entscheiden kann, in welchem Umfang er sich auf Zusätze einlassen will. Und wenn die Zusatz-Materialien nicht von vornherein präsent sind, können sie auch nicht den Eindruck der „Überfrachtung" erzeugen. Mit dieser Staffelung der Inhalte in die Tiefe kann, so war der Gedanke, das Lehrwerk unterschiedlichsten Bedürfnisse und Agenden verschiedener Lernertypen gerecht werden.

Dass jenes Zwerg-auf-Riesenschultern-Buch nicht zustande kam und letztlich eben das vorliegende „neue", das hatte rechtliche und andere praktische Gründe. Nichtsdestoweniger kann man am vorliegenden Buch manche jener skizzierten anfänglichen Ideen wiedererkennen. Die parallel erstellte Internet-Version, die zum Zeitpunkt der Drucklegung des vorliegenden Buchs bereits teilweise abrufbar sein wird, kommt unserer ursprünglichen Lehrbuch-Philosophie noch näher.

Konventionellere Lehrbücher als das vorliegende zielen oft sehr stark auf eine Reduktion der Inhalte ab. Das hat banale Gründe (Rücksicht auf Produktionskosten), gutgemeinte (die Rücksichtnahme auf die vermeintlich geringe Aufnahmefähigkeit der Lernenden), praktische (Rücksicht auf die veranschlagte Zeit für eine Lektion in der Unterrichtsrealität), psychologische (man meint, dem Lernenden Scheuklappen anlegen zu müssen, damit er nicht panisch wird), aber auch einen fundamental pädagogischen. Konventionellem Unterricht ist nämlich die Lernkontrolle sehr wesentlich; ein Input wird vorgegeben, und die Lernenden sollen den Empfang des Inputs bestätigen, indem sie den Lerninhalt reproduzieren. Der Input wäre demnach am erwartbaren „Intake" zu bemessen.

Genau mit diesem Paradigma bricht das vorliegende Lehrbuch. Die Lernenden sollen selbstverständlich folgen können, aber sie müssen nicht alles im absoluten Gleichschritt reproduzieren können. Die Lernkontrolle, die vielen Lehrbüchern als ganz vorrangige Pflicht gilt, wird hier dementsprechend für weniger wichtig gehalten. Dieses Buch bietet Übungen und Aufgaben, die das Üben mit der Sprache auch dann erlauben, wenn Lernende (zunächst) dem Spruch „no pain, no gain" nichts abgewinnen können. Übungen sollen auf keinen Fall als verkappte Prüfungen wahrgenommen werden. Einer geglückten Übung im Sprachunterricht merkt man es nicht an, dass mit ihr z.B. eine Struktur trainiert werden soll, vielmehr gibt sie den Lernenden eine Aufgabe, die an der Oberfläche eine ganz andere Herausforderung darstellt. Eine Aufgabe mit der Anweisung „Finde, was sinngemäß zusammenpasst!" genügt oft für diesen Zweck.

Gegen das Prinzip der Reduktion verstößt dieses Lehrbuch immer wieder, indem es zu den wesentlichen Lerninhalten eine „Zuwaage" an Input gibt, wobei dieses Mehr die Funktion des Enzyms oder jener sprichwörtlichen hilfreichen Leiter hat: Das Enzym kann am Ende der chemischen Reaktion wegfallen, so wie die Leiter weggeworfen werden kann, sobald sie ihre Schuldigkeit getan und der Benutzer mit ihrer Hilfe die nächste Ebene erreicht hat. Dass weniger mehr sein kann, ist eine richtige, aber schon längst nur mehr triviale Erkenntnis; eine untriviale Erkenntnis, die für den Spracherwerb gilt, ist hingegen die, dass mehr weniger sein kann, indem nämlich ein Mehr an Input letztlich weniger Aufwand für das Verstehen und Behalten (z.B. einer sprachlichen Struktur) bedeutet. Das „Verhungern" der Lernenden angesichts von zu wenig Input, der fehlende Bezug zu einem Wort aufgrund der fehlenden Anwendungsbasis, das Sich-nicht-anfreunden-Können mit einer Satzstruktur aufgrund der emotionalen Armut und Beschränktheit der Beispiele, – das alles sind Auswirkungen jener Meinung vom Sinn der „ökonomischen" Reduktion.

Die Antithese zur Reduktion bedeutet auch keineswegs Überfrachtung und Verschwendung. Das vorliegende Lehrbuch z.B. staffelt, schon allein graphisch, seine Inhalte. Wer will, kann Zusätze überfliegen, kann zwei Beispiele weniger lesen, mag Randbemerkungen geflissentlich übergehen. Ein ganz wesentlicher Grundzug dieses Lehrbuchs sind die fast durchgängigen Übersetzungen, die es bietet. Mehr noch: immer wieder wird reflektiert, welche Übersetzung die wörtlichste, welche die idiomatischste wäre. Damit werden die Lernenden mit ihren Vermutungen nicht alleingelassen. Erwachsene Lerner kommen nämlich in aller Regel gar nicht umhin, sprachvergleichende Beobachtungen anzustellen, ob sie das nun gezielt tun oder beiläufig und unbewusst. Auch wenn man diese Realität im Fremdsprachenunterricht, wo man gern dem illusorischen Ideal eines völligen Eintauchens in die Zielsprache anhängt, gern ignoriert: die Lernenden lassen sich den oft verpönten Sprachvergleich ohnedies nicht nehmen, und eben darum sollten sie dabei nicht ganz auf sich alleine gestellt sein.

Übersetzung ist in diesem Buch in vielerlei Hinsicht programmatisch wichtig. Übersetzungen ermöglichen auch eine Loslösung vom Paradigma der dressurmäßigen Progression. Die Übersetzungen und Kommentare in diesem Buch lassen sich nämlich subjektiv als Einladung zum Vorauslesen und damit Vorauslernen sehen. Auf der anderen Seite bleiben dank dieser Übersetzungen „schwächere" Lernende nicht einfach auf der Strecke zurück (was z.B. passiert, wenn sie den Inhalt gar nicht mehr verstehen, weil sie schlicht das Vokabular nicht „mitgelernt" haben). Progression ist wichtig, gewiss, und man ist beim Fremdsprachenerwerb nicht zu jedem Zeitpunkt fähig, einen wichtigen neuen Lernschritt zu tun. Aber ein Lehrbuch kann, einerseits mit Querverweisen, Vor- und Rückgriffen, andererseits mit Gedächtnisstützen und vor allem eben mit Übersetzungen für mehr „Durchlässigkeit" sorgen. Übersetzungen gestatten ein Wiederholen und Unversehens-doch-noch-Lernen von Inhalten, die man eigentlich schon gelernt haben sollte, ebenso wie ein Vorauslernen von Inhalten, die eigentlich noch zu hoch sind.

Noch etwas wird mit dem Prinzip Übersetzung berücksichtigt (auch andere Charakteristika dieses Lehrbuchs tragen dieser Erkenntnis Rechnung): Lernende richten sich ein Buch meist selber zum Lernen zurecht. Und zu diesem Sich-Zurechtrichten des Buchs gehören unter anderem auch Übersetzungen. Um es in den Worten einer Lernerin zu sagen: „Ich schreibe die Übersetzung dazu, um erst richtig lernen zu können. Hätte ich sie nicht dabei, müsste ich an dieser Stelle immer wieder von neuem nachdenken, was es heißt." Dem entgegengesetzt steht leider ein populärer Irrtum, dem auch praktizierende Sprachlehrer oft anhängen, nämlich der, dass das Aussparen von Übersetzung neugierig auf den Inhalt mache und den Lerner produktiv zur Aufmerksamkeit zwinge, während es umgekehrt faul mache und damit einem konzentrierten Lernen geradezu diametral entgegenstehe, wenn die Texte im Lehrbuch umstandslos auch in Übersetzung nachzulesen seien. Dies gilt vielleicht und höchstens für die vom Lehrer subjektiv erlebte Unterrichtsrealität, in der selbstverständlich dem Lehrer viel von seiner Autorität genommen sein kann, wenn er nicht mehr derjenige ist, der in Bezug auf die Bedeutung des fremdsprachigen Texts im Lehrbuch die ultimative Auskunftsperson ist (also wenn das Spannungsmoment im Sprachkurs darin besteht, dass die Lernenden erst im Unterricht Gewissheit darüber erlangen können, was im Lehrbuch eigentlich drinsteht). Nun, zur Erzeugung von Aufmerksamkeit mag der Lehrer die in seinen Augen geeignetsten Mittel einsetzen, für das tägliche Lernen selber bedeutet es aber oft nur eine Hürde wenn nicht gar ein Vergällen der Freude am Lernen, wenn man als Lernende(r) sich ständig einen ungewissen Sinn erschließen soll. Das Erschließen von Sinn kann einen wichtigen Lernprozess darstellen, aber es wäre falsch, das mit dogmatischer Unerbittlichkeit auf Schritt und Tritt zu verlangen. Und so stellt das Fehlen von Übersetzungen für viele Lerner denn auch nur eine lästige Unbequemlichkeit dar, die sie, als Vorstufe zum eigentlichen Lernen, dadurch ausräumen, dass sie ihr Lehrbuch eigenhändig mit Übersetzungen versehen, die sie ständig umstandslos vor Augen haben.

Das vorliegende Lehrbuch möchte den Lernenden also ein bereits wirklich zum Lernen gebrauchsfertig zugerichtetes Buch in die Hand geben und liefert konsequenterweise die Übersetzungen mit (verbannt sie darum auch nicht etwa ans Ende des Buchs).

Es liegt hier ein Lehrwerk vor, das sich auf Augenhöhe mit dem Benutzer begibt. Dass es mit ihm „per Du" ist, ist keine Effekthascherei, sondern Programm. Es nimmt die Perspektive des Lernenden ein, nicht den unangefochtenen Standpunkt des Muttersprachlers, der lediglich mitteilt, was Sache ist.

Der Primat der Ökonomie und des Reproduktions-Prinzips sorgt bei konventionellen Lehrbüchern auch meist dafür, dass Hanja außen vor lassen, weil sie angeblich die Lerner überfordern. Hier werden Hanja von Anfang an integriert. Worauf es dabei ankommt, das ist nicht das Erlernen von Strichfolgen, sondern das Verständnis für Wortkonzepte und Wortbildung. Die Lernenden haben Hanja ständig „vor der Nase". Die Schriftzeichen, die ja für den Nicht-Muttersprachler erst einen Bezug zu den Wörtern stiften und die Konzepte hinter den Wörtern verstehen lassen, werden den Lernenden nicht vorenthalten; Hanja wird damit ganz beiläufig als integraler Teil der koreanischen Sprache vermittelt.

Die parallele Internetversion des vorliegenden Buches gehört eigentlich, schon allein deshalb, weil alle Hörtexte als Audiofiles abrufbar sind, ohnedies zum vorliegenden Buch dazu. Diese Internetversion bietet, wie schon gesagt, mehrere Features, die zur grundlegenden Philosophie gehören, sich in der Druckversion aber nur zum Teil haben verwirklichen lassen. Die Internetversion ist naturgemäß „offen". Während das gedruckte Lehrbuch nur den Gedanken des „reichen" Inputs verwirklichen konnte, lässt die Internetversion die Idee der Anreicherung und der Staffelung alternativer bzw. relevanter Inhalte in die Tiefe viel besser zu.

Die Internetversion erlaubt außerdem ein großes Angebot an authentischem Material. Der Slogan auf einem Werbeplakat kann nun eine grammatikalische Struktur illustrieren, eine Liedzeile den Gebrauch einer Redewendung verdeutlichen, eine Schlagzeile aus einer Zeitung die Gängigkeit eines bestimmten Ausdrucks augenfällig machen; das Internet-Lehrbuch liefert dadurch außerdem ganz beiläufig einen Thesaurus an kulturellem Wissen (oft der Populär- und Alltagskultur).

Die Internetversion erlaubt auch ein Mitarbeiten der Lerner und überhaupt aller „seniors", die etwas einzubringen haben. Fragen werden ad hoc und glaubwürdig-authentisch beantwortet. Die „Lern-Chats", die schon Teil des Buchs sind, werden künftig ausgebaut, Fragen werden gesammelt und fließen in eine FAQ-Zusammenstellung ein. Die „Anamnese" und Expertise von schon weiter fortgeschrittenen Lernenden – sowohl der ganz alten seonbaes, die noch (quasi unbetretenes Neuland erschließende) „Lernerpioniere" waren und es darum sehr schwer hatten, als auch der nicht so alten, deren Ausgangsposition mit der heutiger Lernender verglichen werden kann, ist ganz besonders wichtig und soll eingebracht werden. Ein idealeres Lehrbuch der Zukunft braucht wohl nicht allein ein großes Expertenteam, sondern überhaupt das Zusammenspiel einer „Schwarmintelligenz". Und die Expertise mehrerer Lernergenerationen ist bekanntlich sehr wichtig, um die gefühlte Distanz zwischen Sprachen zu überbrücken.

Dieses Lehrbuch setzt immer wieder auf Emotionen, denn ein Satzbeispiel, das als wirklich glaubwürdig authentisch (mit einer nachvollziehbaren Emotion innerhalb einer vorstellbaren Situation mit einem richtigen Sitz im Leben) erlebt wird, dringt viel nachhaltiger in die Lernerseele ein als zehn lieblos zusammengeraffte Beispiele.

Diese „liebevolle" Grundhaltung des vorliegenden Lehrbuchs lässt sich auch den Illustrationen anmerken, bei denen einem sicher oft das Herz lacht. Illustrationen wie Layout sind nicht nachträglich und arbeitsteilig dem Inhalt aufgepfropft, sondern in engem Austausch Hand in Hand mit der Erstellung des Inhalts gegangen und darum organisch mit diesem verbunden.

Die *Academy of Korean Studies* hat die Erstellung dieses neuen Lehr- und Lernbuchs gefördert. Viele haben im Rahmen des Projekts mitgeholfen. Viel wesentliche Hilfe wurde darüber hinaus auch „ehrenamtlich" bzw. aus reiner Freundschaft geleistet. Die unzulängliche Redensart „nicht wissen, wie man danken soll" wäre hier nicht am Platz, denn der Autor wüsste es oder zumindest fiele ihm allerhand ein, wie er danken könnte – der gebührende Dank würde freilich seine Mittel und Möglichkeiten übersteigen.

Andreas Schirmer
Wien, Juni 2013

Überthema	Subthemen	Funktionen, kommunikative Leistungen
1 한글 Hangeul	• Historischer Hintergrund • Orthographie • Aussprache • Fremdwörter im Koreanischen	• Hangeul lesen und schreiben • Aussprache trainieren
2 쟈기 소개 sich vorstellen	• sich vorstellen • Hobbies • Länder und Nationalität • Berufe	• sich begrüßen • sich vorstellen • grundlegende Informationen über andere Personen erfragen (Name, Hobbies, Nationalität, Studienrichtung) • jemanden einem Dritten vorstellen • Namen von Dritten erfragen • sich verabschieden • einfache Identifizierungsfrage „Was ist das?" und „Ist das ...?" • sich beim Auseinandergehen voneinander verabschieden
3 수와 셈 zählen und rechnen	• Zahlen • einkaufen • das Lebensalter	• Preise erfragen • nach dem Alter einer Person fragen • grundlegende Erkundigungen beim Einkaufen und im Restaurant • einen Ort erfragen: „Wo gibt es ... ?" • die Bezeichnung einer Sache erfragen („Wie nennt man ... ?", „Wie sagt man für ...?")
4 시간 Zeit	• Uhrzeit • Zeitangaben und Zeitbegriffe • Verabredung • historische Daten • Feste und Feiertage	• nach der Uhrzeit / Dauer fragen • einen Zeitplan lesen • sich verabreden • nach dem Datum fragen
5 하루일과 Tagesabläufe	• Vergangenheit • Kindheit • Tagebuch • studentischer Alltag • sogaeting	• alltägliche Verrichtungen benennen • einen Tagesablauf erzählen • von etwas Vergangenem berichten

Grammatik	Wortschatz	Sonstiges
• Silbenstruktur • Ausspracheregeln • Transkriptionsregeln	• Fremdwörter im Koreanischen • Tiere und ihre Laute • Lautmalereien • koreanische Provinzen	• Pantomime • Kreuzworträtsel • westliche Namen in Hangeul • Spiele und Lieder
• Pronomen • Themasuffix ~는/은 • Nominativsuffix ~이/가 • Nominalisierung mit ~기 • (verborgenes) Genitivsuffix ~의 • Kopula 이다 („sein") und entsprechende Verbformen (~입니다, ~입니까?, ~이에요/~예요, ~이세요?) • Kopula-Negation mit 아니다 • Suffix ~도 („auch") • Suffix ~과/와 („und") • Fragewort 무엇? („Was?")	• Hobbies • Länder und Nationalitäten • Studienrichtungen • Berufe	• Höflichkeitsregeln und Faux-pas-Fallen • berühmte KoreanerInnen • aus Puzzlesteinen das Ganze erraten
• Demonstrativa 이/그/저 • Zähleinheitswörter • Akkusativsuffix ~를/을 • Ortsangaben mit Suffix ~에 • formelle Sprechstufe ~ㅂ니다/~습니다 • Frage mit ~ㅂ니까? / ~습니까? • höfliche Anrede ~(으)세요 • 있다/없다 („es gibt/es gibt nicht") • ~라고 하다 (etwas/jm.n so-und-so nennen) • Fragewort 얼마? („Wie viel/lang/sehr?")	• rein-koreanische und sino-koreanische Zahlen • Zahleinheitswörter • koreanische Speisen • Abteilungen im Kaufhaus • Obst und Gemüse • Höflichkeitssprache (das Lebensalter)	• mit den Fingern zählen und Zahlen zeigen • Geld zählen • ganz besondere Zahlen(kombinationen) • Berühmtheiten • chinesische Tierkreiszeichen • Zero-Game
• Genitiv mit ~의 • Zeitangaben mit 에 • von ... bis ... (zeitlich) ~부터 ~까지 • Themasuffix mit anderen Postpositionen • 하고 („und"; „mit") • Aufforderungsform/Kohortativ ~ㅂ/(읍)시다 • honorative Verb-Endung ~(으)세요 • Konjunktion ~ㄴ지/~는지 • Fragewörter 무슨, 어떤 oder 어느 („Was für ein/e?; „Welche(r/s)?) • Fragewort 몇? („Wie viel?")	• Uhrzeiten und Zeitspannen • Wochentage, Monate • Feste und Feiertage	• traditionelle Zeiteinteilungen • „dämonenfreie" Umzugstage • Mondkalender • G'schichterl: Die lästige Frage nach der Uhrzeit 몇 시예요? („Wie spät ist es?")
• Richtungsangabe mit Suffix ~에 • Angabe des Handlungsortes mit ~에서 • Nominalverbindung ~과/와 함께 • Verneinung mit 안~ • Verneinungen mit 못 • die Konverbalform (Verbstamm + 아/어) • die Vergangenheitsform mit ~았/었~ • honoratives Infix ~시~ • Verlaufsform ~고 있다	• Zeitausdrücke • alltägliche Tätigkeiten • nahe Familienmitglieder • Ausdrücke für Empfindungen und Einschätzungen	• koreanisches Erziehungsfieber • Studentenleben • sogaeting 소개팅 • G'schichterl: 감자 3형제 (Die drei Erdäpfelbrüder)

rein-koreanische Zahlen gelernt:

1
2
3

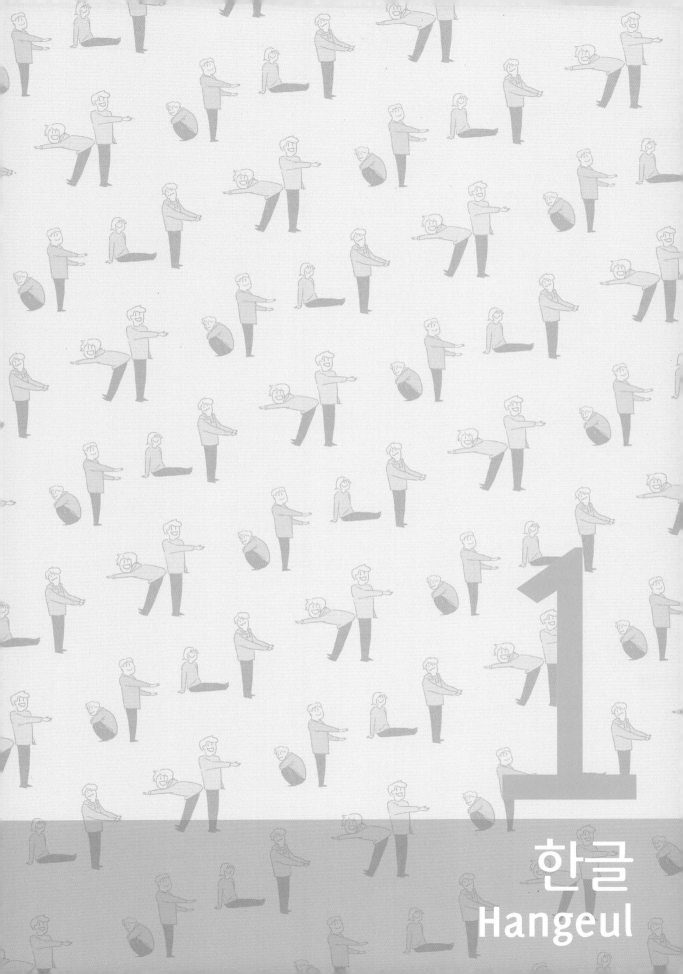

한글
Hangeul

DIE KOREANISCHE SPRACHE
한국어

1.1.1

Koreanisch ist die offizielle Sprache der Republik Südkorea sowie der Demokratischen Volksrepublik Nordkorea. Des Weiteren gibt es sechs bis sieben Millionen ethnische Koreaner, größtenteils Muttersprachler, in China, Japan, den USA und anderen Teilen der Welt, womit die koreanische Sprachfamilie etwa 80 Millionen Menschen umfasst.

Über ein Jahrtausend lang wurde in Korea mit chinesischen Schriftzeichen geschrieben (man schrieb also in der chinesischen Literatursprache, es gab aber auch Versuche, mit Hilfe der chinesischen Schriftzeichen das Koreanische lautschriftlich wiederzugeben), bis im 15. Jahrhundert unter König Sejong nach dem Vorbild anderer phonographischer Schriften das Hangeul entwickelt wurde, eine eigene Schrift, mit der erstmals ein angemessenes Instrument zur Verfügung stand, um das Koreanische und die Lautungen der koreanischen Sprache schriftlich zu fixieren.

Aus der Promulgationsschrift König Sejongs zur Erfindung der koreanischen Schrift:

Die Sprache unseres Landes ist anders als die Chinas und mittels chinesischer Schriftzeichen nicht zu vermitteln. Daher gibt es viele Menschen im ungebildeten Volk, die ihre Meinungen nicht kundtun können, auch wenn sie sich sehr gern äußern würden. Ich bin darüber betrübt und habe neue Schriftzeichen geschaffen, bei denen ich hoffe, dass sie für jedermann leicht zu erlernen und bequem im Alltag anzuwenden sind.

Koreanisch ist eine SOV-Sprache (das Satzstellungsmuster ist immer Subjekt-Objekt-Verb) und eine agglutinierende Sprache: grammatische Funktionen wie Kasus oder Zeit werden als Suffixe an die Basisform des jeweiligen Worts angehängt. Die Gelehrten streiten immer noch darüber, aber vieles spricht dafür, dass das Koreanische zur altaiischen Sprachfamilie gehört und damit unter anderem mit dem Japanischen und Mongolischen, weitschichtig sogar mit dem Ungarischen verwandt ist.

DIE KOREANISCHE SCHRIFT
한글

1.1.2

In der Gegenwart benutzt man 40 Hangeul-Buchstaben, die sich in 19 Buchstaben für Konsonanten und 21 für Vokale aufteilen. Man schreibt aber nicht Buchstabe für Buchstabe in eine Reihe, sondern in Silben. Dazu werden zwei bis vier Buchstaben in einem gedachten Quadrat zusammenfasst.

In der Promulgation der neuen Schrift (aus dem Jahre 1446) findet sich die folgenende berühmte Einschätzung des zeitlichen Aufwands, den es für das Erlernen von Hangeul braucht:

Die Variationsmöglichkeiten der Buchstaben sind unendlich. Sie sind einfach, aber nützlich. Sie sind verfeinert, aber überall verständlich. Deshalb versteht sie ein kluger Mensch, bevor ein Morgen zu Ende ist. Ein dummer Mensch kann sie in zehn Tagen lernen.

Es gibt im Koreanischen 10 Grundvokale und 11 kombinierte Vokale, die sich von den Grundvokalen herleiten lassen. In der schriftlichen Fixierung folgen Vokale immer auf einen Konsonanten. Das bedeutet erstens, dass nicht zwei Vokale aufeinander folgen können, zweitens, dass auch bei vokalischem Anlaut zuerst ein (sozusagen stummer) Konsonant geschrieben wird (nämlich ㅇ).

• *Die 10 Grundvokale*

Schreibung	Umschrift	Aussprache
ㅏ	a	gewöhnliches „a", wie „alle" oder „Anne"
ㅑ	ya	„ja" wie in „Jagd" oder „Anja"
ㅓ Q&A	eo (ŏ)	offenes „o" [ɔ] wie in „offen" oder „Ochse"; das „o" nähert sich also gewissermaßen auf halben Wege dem „a" an (bzw. dem gerundeten „a" [ɒ]), vgl. das englische „what". [Spontanerläuterungsblase: Lautlich nahe steht das Ungarische a (ohne Akzent) wie z.B. in der ungarischen Aussprache des Vornamens „András".]
ㅕ	yeo (yŏ)	also „j" + „ㅓ": offenes „jo" wie in „Joch", „Loch", „noch" oder „New York"
ㅗ	o	geschlossenes (flaches) „o" wie in „Ofen" oder „Boot"
ㅛ	yo	also „j" + „ㅗ": geschlossenes „jo" wie in „jodeln" oder „Joghurt"
ㅜ	u	gewöhnliches „u" wie „Uhr" oder „Ursula"
ㅠ	yu	also „j" + „ㅜ": „ju" wie in „Jute" oder „Jung"
ㅡ	eu (ŭ)	zwischen „ü" und „i", hinten im Rachen ausgesprochen und gewissermaßen nicht vollständig artikuliert. Wie der kaum hörbare Nachklangvokal, wenn Kinder Konsonanten aussprechen.
ㅣ	i	gewöhnliches „i" wie in „Igel" oder „immer"

eo ist die Umschreibung mithilfe der „Neuen Romanisierung", *ŏ* die lange maßgebliche und von vielen westlichen Koreanologen immer noch bevorzugte Transkription nach McCune-Reischauer

Wenn Kinder naiv sagen wollen „das ist ein b", so sagen sie ja nicht „beee", „b—". (Sie tun das deshalb – bzw. wird ihnen das so beigebracht –, weil das „eee" nach dem „b" ja nicht zum Lautwert des Buchstabens selber gehört, sondern nur eine Konvention zum bequemeren Buchstabieren ist.)

Q Das „ㅓ", in der Mc-Cune-Reischauer-Transkription ein „ŏ", wird in der „Neuen Romanisierung" als „eo" umschrieben. Wie kommt es dazu? **A** Das „e" vor dem „o" soll andeuten, dass das „o" offen ausgesprochen wird, was ja tatsächlich bei einer schnellen Aufeinanderfolge von „e" und „o" automatisch passiert (nach einem „e" ein geschlossenes „o" – wie in „Ofen" – auszusprechen braucht eine vergleichsweise wesentlich größere Konzentration auf die Artikulation).

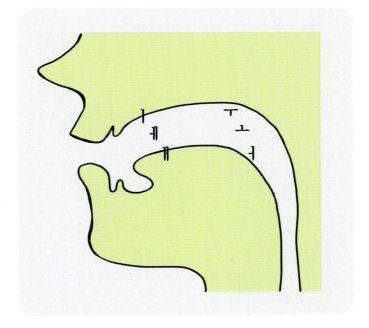

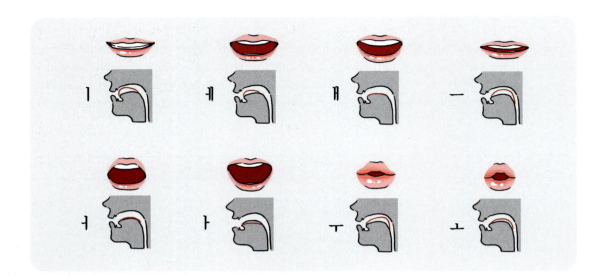

• *die 11 kombinierten Vokale*

Schreibung	Elemente	Romanisierung	Aussprache
ㅐ	ㅏ + ㅣ	ae	gewöhnliches „ä" wie „ähnlich"
ㅒ	ㅑ + ㅣ	yae	„jä" wie in „jährlich" oder „Jäger"
ㅔ	ㅓ + ㅣ	e	gewöhnliches „e" wie „Leben"
ㅖ	ㅕ + ㅣ	ye	„je" wie in „jeder" oder „jeweils"
ㅘ	ㅗ + ㅏ	wa	„wa" wie in „warum" oder wie das englische „w", „wow", „wine"
ㅙ	ㅗ + ㅐ	wae	„uä" wie im englischen „weather" oder „where"
ㅚ	ㅗ + ㅣ	oe	„wä" wie in „Wäsche"
ㅝ	ㅜ + ㅓ	wo (wŏ)	„uo" wie im englischen „water" oder „wonder"
ㅞ	ㅜ + ㅔ	we	wie Aufeinanderfolge von „ue" oder „we"
ㅟ	ㅜ + ㅣ	wi	„ui" verschliffen zu „wi" wie in Englisch „will"
ㅢ	ㅡ + ㅣ	ui (ŭi)	siehe Grundvokal ㅡ + „i"

Achtung

애, 에 und 예 werden heutzutage kaum noch unterschieden. Jüngere Koreaner wissen nur mehr aufgrund der Rechtschreibung, die man ja in der Schule lernt, um welchen Laut es sich handelt. Manchmal sind darum sogar Koreaner unsicher und fragen „a-i (아+이=애) oder eo-i (어+이=에)?" Für ältere Koreaner besteht hier durchaus noch ein hörbarer und zu artikulierender Unterschied. Auch Joseon-jok, die ethnischen Koreaner in der Mandschurei unterscheiden hier noch. Gleiches gilt auch für die (allerdings ohnehin selteneren) Doppelvokale 얘 und 예.

Übung / 연습

1.2.2

Höre und lies alle Vokale:

ㅏ ㅐ ㅑ ㅒ ㅓ ㅕ ㅔ ㅖ ㅗ ㅘ ㅙ ㅚ ㅛ ㅜ ㅝ ㅞ ㅟ ㅠ ㅡ ㅢ ㅣ

ㅏ	ㅐ	ㅑ	ㅒ	ㅓ	ㅔ	ㅕ	ㅖ	ㅗ	ㅘ	ㅙ

ㅚ	ㅜ	ㅜ	ㅝ	ㅞ	ㅟ	ㅠ	ㅡ	ㅢ	ㅣ

Mit Vokalen anlautende Silben werden behelfsmäßig, sozusagen als Platzhalter, mit „ ㅇ " als eröffnendem Konsonanten geschrieben, da dieses am Silbenanfang keinen eigenen Lautwert besitzt und daher stumm bleibt.

Mit den Buchstaben allein können wir aber nun noch keine einzige vollständige Silbe schreiben. Und Buchstaben für sich genommen werden im Koreanischen fast nie benutzt (außer für Aufzählungen), während wir ja durchaus einen Buchstaben wie ein Wort benutzen können (Vitamin C, das A und O, von A bis Z, Herr K). Die Minimalsilbe besteht aus einem „ㅇ" plus einem Vokalbuchstaben, also 아, 이, 어, 야, 요, 우 usw.

Schreiben

1.2.3

Wie oft musst du neu ansetzen, um alle Vokale schreiben zu können? Notiere die möglichen Wege und ermittle die „ökonomischste" Lösung.

" ㅇ " („das Ringerl") ist ein gegen den Uhrzeigersinn geschriebener Kreis!

ㅇ	이	아	애		
			야	애	
		어	에		
			여	예	
		의			
	으	오	외	와	왜
			요		
		우	위	위	웨
			유		

1.2.4

Jeder hat ein Blatt Papier vor sich und zeichnet ein Bäumchen.
Das originale vollständige Bäumchen hat man vor sich. Es sieht so aus:

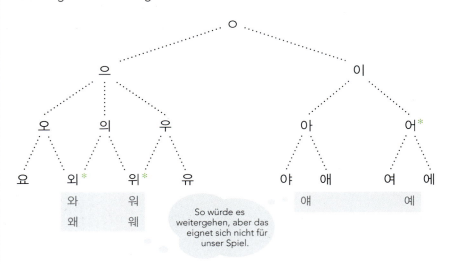

Bei 어, 외, 위 haben wir uns für dieses Spiel die korrekte Strichfolge ignoriert. Die richtige Schreibweise ist ja wie folgt:

어 → ㅇ ㅡ 어
위 → ㅇ ㅡ 우 위
외 → ㅇ ㅇ 오 외

So würde es weitergehen, aber das eignet sich nicht für unser Spiel.

Man spielt zu zweit und „tippt" (d.h. der Partner versucht zu erraten, wie der andere sein Bäumchen fortsetzt). In jeder Runde tippt man bis zu dreimal, sobald richtig getippt wird, gibt es Seitenwechsel (eine neue Runde). Bei jeder richtigen Vermutung sammelt der ratende Spieler einen Punkt; sobald er/sie falsch liegt, wird gewechselt und der/die andere muss raten. Wer als erster 7 Punkte erreicht hat, ist Sieger. Dazu geht es natürlich mehrmals hin und her.
Für die „Ausgangsstellung" zeichnen beide die Wurzel, das stumme „Ringerl": ㅇ
Dann zeichnen beide, natürlich ohne beim anderen „abzuschauen", Schritt für Schritt weiter.

1 B hat richtig getippt. Die Seiten werden gewechselt.

2 A hat falsch getippt. Ein Punkt für B. Es geht weiter.

3 Zweiter Punkt für B.

4 Endlich hat B falsch getippt. Punkt für A. Die Seiten werden wieder gewechselt. B ist wieder mit dem Raten dran.

Vergesst beim Spielen nicht auf ein wenig Klamauk. Bei richtigem Tipp (1) könnte B zum Beispiel „이-이-이" wie einen Triumphschrei anstimmen, während A das gleiche „이-이-이" so intoniert, dass es sich wie eine Klage anhört. Bei (2) triumphiert A mit „이-이-이", B jammert hingegen „으-으-으". Testet auf diese Weise auch aus, ob sich einzelne Vokale vielleicht besser für eine bestimmte Emotion eignen als andere.

A | B muss raten

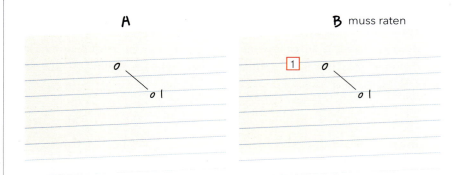

B | A muss raten

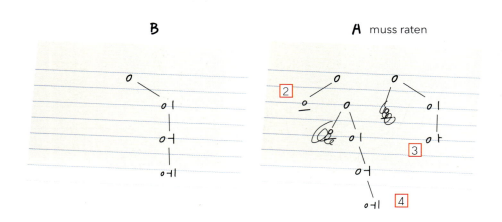

Konsonanten: die Grundkonsonanten

giyeok ist die Umschreibung mithilfe der „Neuen Romanisierung", *kiyŏk* die Transkription nach McCune-Reischauer

1.3.1

• *die 10 Grundkonsonanten*

Schreibung	Bezeichnung	Umschrift	Aussprache	
			am Silbenanfang	am Silbenende
ㄱ	기역 giyeok (kiyŏk)	G/K	K	G
ㄴ	니은 nieun (niŭn)	N	N	
ㄷ	디귿 digeut (tigŭt)	D/T	T	D
ㄹ	리을 rieul (riŭl)	R/L	R	L
ㅁ	미음 mieum (miŭm)	M	M	
ㅂ	비읍 bieup (piŭp)	B/P	P	B
ㅅ	시옷 shiot (siot)	S	S, SH	D
ㅇ	이응 ieung (iŭng)	-/NG	[stumm]	NG (wie „Gang", „Fang")
ㅈ	지읒 jieut (chiŭt)	J/T	DSCH (weich)	D
ㅊ	치읓 chieut (ch'iŭt)	CH/T	TSCH (hart), wie „**Ch**arly"	T
ㅋ	키읔 kieuk (kiŭk)	K	CK (aspiriert), wie **K**unst	K
ㅌ	티읕 tieut (tiŭt)	T	T (aspiriert), wie **T**ier	T
ㅍ	피읖 pieup (piŭp)	P	P (aspiriert), wie **P**ause	P
ㅎ	히읗 hieut (hiŭt)	H/-	H	[stumm]

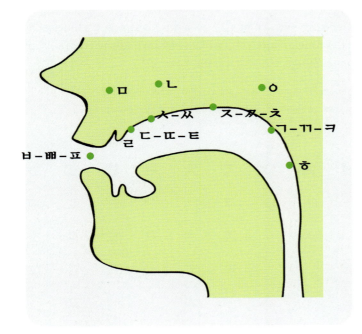

!!!

„s" (ㅅ) wird vor Vokalen und Dipthongen mit „i" (ㅣ) Lauten stets als „sh" gelesen.

Schreibung	Aussprache
시간	*shi-gan*
쉬다	*shida*
셰익스피어	*Shakespeare*

Man unterscheidet die koreanischen Konsonanten in Gaumen-, Zungen-, Lippen-, Kehl-, Zisch- und Halbzischlaute, je nachdem, wo (im Sinn der Artikulationsstelle) der Laut gebildet wird:

Gaumenlaut 아음		ㄱ	ㅋ
Zungenlaut 설음		ㄷ	ㅌ
Lippenlaut 순음		ㅂ	ㅍ
Zischlaut 치음		ㅈ	ㅊ
Kehllaut 후음		ㅇ	ㅎ
„Halbzischlaut"반치음 (Die Zunge wird wie bei der Aussprache eines „r" positioniert)	ㄹ		

1.3.2

In einem anlässlich der Vorstellung des Hangeul, also Mitte des 15. Jahrhunderts, herausgegebenen Erläuterungstext, betitelt *Hunmin chŏng-ŭm haerye* 訓民正音解例 (Erklärungen und Beispiele zu den „Rechten Lauten zwecks Belehrung des Volkes"), wird in klassischer chinesischer Schriftsprache erläutert, dass die Form der Konsonanten tatsächlich nicht willkürlich und abstrakt ist, sondern die Artikulation durch Lippen, Zunge, Mund darstellt. Z.B.:

牙音ㄱ.象舌根閉喉之形。 *Der Zahn-Laut ㄱ hat die Form der Zunge, wie sie den Rachen abdeckt.*
舌音ㄴ.象舌附上腭之形。 *Der Zungen-Laut ㄴ hat die Form der Zunge, wie sie sich an den oberen Gaumen anlegt.*

ㄱ	ㄴ	ㄷ	ㄹ	ㅁ	ㅂ	ㅅ	ㅇ	ㅈ	ㅊ	ㅋ	ㅌ	ㅍ	ㅎ
ㄱ	ㄴ	ㄷ	ㄹ	ㅁ	ㅂ	ㅅ	ㅇ	ㅈ	ㅊ	ㅋ	ㅌ	ㅍ	ㅎ
	ㄷ	ㄹ	ㅁ	ㅂ	ㅂ	ㅅ		ㅈ	ㅊ	ㅋ	ㅌ	ㅍ	ㅎ
		ㄹ	ㅁ	ㅂ	ㅂ			ㅈ	ㅊ		ㅌ	ㅍ	ㅎ
					ㅂ				ㅊ			ㅍ	

Doppelkonsonanten

Zu den Grundkonsonanten kommen Doppelkonsonanten (sie sind nicht selten, aber vergleichsweise weniger häufig) und kombinierte Konsonanten, die ausschließlich am Silbenende vorkommen (und vergleichsweise selten begegnen).

• *die 5 Doppelkonsonanten*

Buchstabe	Bezeichnung		Umschrift
ㄲ	쌍기역	ssanggiyeok	KK/K
ㄸ	쌍디귿	ssangdigeut	TT/T
ㅃ	쌍비읍	ssangbieup	PP/T
ㅆ	쌍시옷	ssangshiot	SS/T
ㅉ	쌍지읒	ssangjieut	JJ/T

Aussprache

Q&A

Die Doppelkonsonanten werden „gespannt" ausgesprochen (d.h. ohne jede Behauchung und ansatzlos, der Laut entsteht gewissermaßen explosiv und verklingt auch sofort, da er ja nicht „behaucht" ist); Vokale davor und danach sind immer kurz.

In der internationalen Lautschrift haben die Doppelkonsonanten einen untergestellten Doppelapostroph, der die „gespannte" Artikulation andeutet. Also:
ㅃ *p* ㄸ *t* ㅉ *tɕ* ㄲ *k* ㅆ *s*

Q Haben wir diese gespannten Laute gar nicht? **A** Aufpassen, da kommt es für einen deutschen Lerner sehr auf die landschaftliche Zugehörigkeit an. Wenn ein Österreicher „hackln" (im Sinn für arbeiten, malochen) sagt, dann spricht er ja kein behauchtes „ck", sondern ein gespanntes „g" (also wenn schon: „gg"), das kommt dem ㄲ schon sehr nahe oder ist sogar dasselbe. Auch das „gg" im Namen Schwarzenegger entspricht einem ㄲ. Die österreichische Aussprache von Watte (eben eher ein „Wadde") entspricht einem ㄸ. Bei ㅃ hätten wir mit „Ebbe" sogar ein standardsprachliches Pendant. Bei ㅆ wäre etwas das Doppel-S in „hassen" zu vergleichen. Bei Hasen (am Silbenanfang dann ohne das „Ha"). Bei ㅉ wäre z.B. im oberdeutsch, unaspiriert ausgesprochenes, Cha-cha-cha ein Anhaltspunkt. Aber all das ist mit etwas Vorsicht zu genießen. Vergiss nicht, dass es hier wirklich um distinktive Unterschiede geht, darum musst du diese verschiedenen Laute strikt unterscheiden: also unbehaucht, behaucht (aspiriert) und gespannt. **Q** Was waren distinktive Unterschiede noch mal? **A** Schau, Oberdeutsche lernen ja schon als Kinder, dass sie bei „b" und „p" sich nicht aufs Hören verlassen dürfen, weil das in der Mundart nicht so genau unterschieden wird. Aber für ein Kind aus Hessen ist der Unterschied kaum weniger groß wie der zwischen „a" und „o". Für einen Koreaner wiederum ist da zwischen ㄱ und einem ㄲ wohl schon eine Verwandtschaft, das wird ja schon mit der Schreibung klar, aber im Alltag sind das zwei total verschiedene Laute, und dementsprechend ist es für den koreanischen Hörer dann ein komplett anderes Wort, wenn er da ein ㄱ vernimmt statt einem ㄲ.

Verwechslungen können zu Kommunikationsschwierigkeiten führen ...

토끼 Hase vs. 도끼 Axt

드림* vs. 트림 Rülpser

* (von 드리다 „überreichen"; höfliche Floskel nach dem Namen am Ende eines Briefs, vergleichbar unserem höflich-ergebenen „Ihr" vor dem Namen des Unterfertigten)

1.3.4 Hör zu und lies die folgenden Wörter:

> Versuch, den Unterschied im Anlaut zu hören und selber – auch wenn Dir die „gespannte" Aussprache der Doppelkonsonanten vielleicht „überspannt" vorkommt – richtig zu artikulieren. Um richtig verstanden zu werden, musst Du möglicherweise die Laute beim aktiven Aussprechen deutlicher differenzieren, als sie Dir beim Hören vorkommen …

가마 *Haarwirbel* 곳 *Ort*	ㄲ	까마귀 *Rabe* 꽃 *Blume*
다람쥐 *Eichhörnchen* 당나귀 *Esel*	ㄸ	따라가다 *folgen, mitgehen* 땅 *Erde, Boden*
바르다 *auftragen, anstreichen* 보다 *schauen* 방 *Zimmer*	ㅃ	빠르다 *schnell sein* 뽀얗다 *besonders schön weiß sein* 빵 *Brot*
사다 *kaufen* 소다 *Soda*	ㅆ	싸다 *billig sein* 쏘다 *schießen*
자다 *schlafen* 조개 *Muschel*	ㅉ	짜다 *salzig sein* 쪼개다 *zerkleinern, zerhacken*

Vokale auf dieser Seite kurz!

1.3.5   Hör zu und sprich nach:

곳	*Ort*	꽃	*Blume*
방	*Zimmer*	빵	*Brot*
당	*Partei*	땅	*Erde*
사	*„Kauf das!"*	싸	*„Das ist billig!"*
자	*„Schlaf!"*	짜	*„Das ist salzig!"*

> In Ausnahmefällen wird F sogar mit einem ㅎ geschrieben: Statt 파이팅 *fighting* wird oft 화이팅 geschrieben (und auch eher gesagt). „Haiting!" ist ein sehr koreanischer („konglischer") Anfeuerungsruf, gern auch einfach zur Aufmunterung zwischendurch. Ein anderer Fall ist „*fruit*", normalerweise 과일, aber bei einer exotischen Frucht auch einmal englisch fruit and letztlich „*hureujeu*": 드래곤 후르츠 *Drachenfrucht*.

1.3.6   Hör zu und lies die folgenden Wörter:

땅 / 당	*Erde / Partei*
땀 / 탐	*Schweiß / Gier*
차 / 자	*Tee / Lineal*
쪽 / 종	*Seite / Glocke*
도 / 통	*Provinz / Eimer*
버찌 / 바지	*Kirsche / Hose*
뼈 / 피	*Knochen / Blut*

Der Unterschied zwischen ㄱ/ㄲ/ㅋ, ㄷ/ㄸ/ㅌ, ㅂ/ㅃ/ㅍ und ㅈ/ㅉ/ㅊ ist ein „distinktiver", d.h. es entstehen sogenannte Minimalpaare (so wie eigentlich auch bei b und p, d und t, g und k), also Wörter, die sich nur in einem einzigen Phonem (bedeutungsunterscheidenden Laut) unterscheiden.

공	*Ball*	콩	*Bohne*
담	*Mauer, gemauerter Zaun*	탐	*Gier*
비자	*Visum*	피자	*Pizza*
바지	*Hose*	파지	*Papierabfall*
보도	*Bericht bzw. Bürgersteig*	포도	*Weintrauben*
주석	*Fußnote*	추석	*Chuseok*
중성	*Neutralität*	충성	*Treue*
자	*Lineal*	차	*Tee*

→ (Wörter chinesischen Ursprungs)

Behauchte Laute gibt es natürlich auch für sino-koreanische Silben. Überdurchschnittlich häufig aber kommen sie in rein-koreanischen Wörtern vor, und sie leisten den Koreanern auch sehr gute Dienste bei der Schreibung von Fremdwörtern, wie die folgenden Beispiele zeigen: oft Kennzeichen rein-koreanischer Wörter oder auch von Fremdwörtern:

ㅊ	ㅌ	ㅍ	ㅋ
채팅 *chatting*	테이프 *tape*	파티 *party*	카메라 *camera*
치킨 *chicken*	타이틀 *title*	패턴 *pattern*	카펫 *carpet*
차트 *chart*	타입 *type*	퍼센트 *percent*	캠핑 *camping*
침팬지 *chimpanzee*	터프 *tough*	파이프 *pipe*	칼로리 *calorie*
챔피언 *champion*	텐트 *tent*	펌프 *pump*	커피 *coffee*
체코 *Czech*	토마토 *tomato*	플라스틱 *plastic*	캠퍼스 *campus*
체리 *cherry*	토스트 *toast*	페인트 *paint*	커튼 *curtain*
찬스 *chance*	트렁크 *trunk*	포스터 *poster*	컴퓨터 *computer*
칩 *chip*	트로피 *trophy*	포크 *fork*	카푸치노 *cappuccino*
치즈 *cheese*	티켓 *ticket*	필터 *filter*	카지노 *casino*

ㅍ entspricht in Fremdwörtern oft einem F:

페스티벌 *festival*
페이스북 *facebook*
파일 *file*
폭스바겐 *Volkswagen*

ㅂ entspricht einem W oder V:

바이올린 *Violine*
비엔나 *Vienna*
바그너 *Wagner*

noch einmal Strich für Strich

Übung / 연습

1.3.7

Vervollständige die Zeilen:

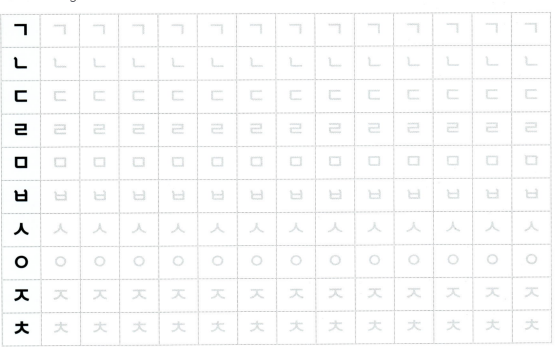

ㅋ	ㅋ	ㅋ	ㅋ	ㅋ	ㅋ	ㅋ	ㅋ	ㅋ	ㅋ	ㅋ	ㅋ	ㅋ
ㅌ	ㅌ	ㅌ	ㅌ	ㅌ	ㅌ	ㅌ	ㅌ	ㅌ	ㅌ	ㅌ	ㅌ	ㅌ
ㅍ	ㅍ	ㅍ	ㅍ	ㅍ	ㅍ	ㅍ	ㅍ	ㅍ	ㅍ	ㅍ	ㅍ	ㅍ
ㅎ	ㅎ	ㅎ	ㅎ	ㅎ	ㅎ	ㅎ	ㅎ	ㅎ	ㅎ	ㅎ	ㅎ	ㅎ
ㄲ	ㄲ	ㄲ	ㄲ	ㄲ	ㄲ	ㄲ	ㄲ	ㄲ	ㄲ	ㄲ	ㄲ	ㄲ
ㄸ	ㄸ	ㄸ	ㄸ	ㄸ	ㄸ	ㄸ	ㄸ	ㄸ	ㄸ	ㄸ	ㄸ	ㄸ
ㅃ	ㅃ	ㅃ	ㅃ	ㅃ	ㅃ	ㅃ	ㅃ	ㅃ	ㅃ	ㅃ	ㅃ	ㅃ
ㅆ	ㅆ	ㅆ	ㅆ	ㅆ	ㅆ	ㅆ	ㅆ	ㅆ	ㅆ	ㅆ	ㅆ	ㅆ
ㅉ	ㅉ	ㅉ	ㅉ	ㅉ	ㅉ	ㅉ	ㅉ	ㅉ	ㅉ	ㅉ	ㅉ	ㅉ

kombinierte Konsonanten

1.3.8

• *die 11 kombinierten Konsonanten*

Buchstabe	Umschrift	Aussprache	
		im Normalfall	vor Vokalen
ㄱㅅ	KS	–G	–G S–
ㄴㅈ	NJ	–N	–N J–
ㄴㅎ	NH	–N	–L–
ㄹㄱ	LG	–G	–L G–
ㄹㅁ	LM	–M	–L M–
ㄹㅂ	LB	–L	–L B–
ㄹㅅ	LS	–L	–L S–
ㄹㅌ	LT	–L	–L T–
ㄹㅍ	LP	–L	–L P–
ㄹㅎ	LH	–G	–R–
ㅂㅅ	BS	–G	–B S–

1.3.9

Lies:

잃어 버리다	nicht *ilh-eo beorida*, sondern *i-reo beorida* [이러버리다]
읽어보다	nicht *ilg-eo boda*, sondern *il-geo boda* [일거보다]
밝아지다	nicht *balg-a jida*, sondern *bal-ga jida* [발가지다]
앉으세요	nicht *anj-euseyo*, sondern *an-jeuseyo* [안즈세요]
닭았다	nicht *dalm-atta*, sondern *dal-matta* [달맛따]
짧아지다	nicht *jjalb-a jida*, sondern *jjal-ba jida* [짤바지다]

Silbenschreibung

`1.4.1`

Das Koreanische ist eine Silbenschrift. Koreanische Silben bestehen immer aus mindestens einem Konsonanten und einem Vokal und folgen stets dem Muster Konsonant-Vokal(-Konsonant). Lautet ein Wort vokalisch an, so wird für die Schreibung trotzdem ein Konsonant vorangestellt, das in diesem Fall stumme *ieung* „ㅇ".

• *Silbenstruktur*

Es gibt im Koreanischen im Prinzip nur drei Silbenstrukturen: *Konsonant-Vokal, K-V-K* oder *K-V-K-K*. Senkrecht geschriebene Vokale werden rechts an den eröffnenden Konsonanten angefügt, waagrecht geschriebene stehen unter dem Konsonanten.

Die kombinierten Vokale setzen sich also aus einem waagrechten (horizontalen) Vokal-Buchstaben (ㅡ, ㅗ, ㅛ, ㅜ, ㅠ) und einem senkrechten (vertikalen) Vokal-Buchstaben (ㅣ, ㅓ, ㅕ, ㅔ, ㅖ, ㅏ, ㅑ, ㅐ, ㅒ) zusammen. Geschrieben wird so, dass zuerst der waagrechte Teil kommt, dann der senkrechte. Bei einer „Überlappung" steht der senkrechte Teil sozusagen unter dem waagrechten, man schreibt also 워 und nicht 웨

Konsonant (자음) – Vokal (모음) (Achtung: auch ㅇ zählt als Konsonant)			
자음 +	„senkrechter" 모음	ㅣㅏㅐㅑㅒㅓㅔㅕㅖ	지, 다, 매, 기, 바 usw.
	„waagrechter" 모음	ㅡㅗㅛㅜㅠ	구, 무, 누, 도, 우 usw.
	„kombinierter" 모음	ㅚㅘㅙㅝㅟㅞㅢ	과, 뭐, 워, 뒤, 화 usw.

Konsonant (자음) – Vokal (모음) – Konsonant (Achtung: auch ㅇ zählt als Konsonant)				
자음 +	„senkrechter" 모음	ㅣㅏㅐㅑㅒㅓㅔㅕㅖ	+ 자음	집, 달, 맹, 김, 반 usw.
	„waagrechter" 모음	ㅡㅗㅛㅜㅠ		국, 물, 눈, 독, 운 usw.
	„kombinierter" 모음	ㅚㅘㅙㅝㅟㅞㅢ		곽, 뭴, 왕, 뒷, 활 usw.

Schreiben

`1.4.2`

Vervollständige die Zeilen mit den entsprechenden Silben:

	ㄱ	ㄴ	ㄷ	ㄹ	ㅁ	ㅂ	ㅅ	ㅇ	ㅈ	ㅊ	ㅋ	ㅌ	ㅍ	ㅎ
ㅏ	가	나	다	라	마	바	사	아	자	차	카	타	파	하
ㅑ	갸	냐	댜	랴	먀	뱌	샤	야	쟈	챠	캬	탸	퍄	햐
ㅓ	거	너	더	러	머	버	서	어	저	처	커	터	퍼	허
ㅕ	겨	녀	뎌	려	며	벼	셔	여	져	쳐	켜	텨	펴	혀
ㅗ	고	노	도	로	모	보	소	오	조	초	코	토	포	호
ㅛ	교	뇨	됴	료	묘	뵤	쇼	요	죠	쵸	쿄	툐	표	효
ㅜ	구	누	두	루	무	부	수	우	주	추	쿠	투	푸	후
ㅠ	규	뉴	듀	류	뮤	뷰	슈	유	쥬	츄	큐	튜	퓨	휴
ㅡ	그	느	드	르	므	브	스	으	즈	츠	크	트	프	흐
ㅣ	기	니	디	리	미	비	시	이	지	치	키	티	피	히

Übersicht über die Silben-Grundkombinationen des Hangeul (in Wörterbuch-Reihenfolge) ohne mögliche konsonantische Silbenendungen! Zieh die grau geschriebenen Silben nach:

	ㄱ	ㄲ	ㄴ	ㄷ	ㄸ	ㄹ	ㅁ	ㅂ	ㅃ	ㅅ	ㅆ	ㅇ	ㅈ	ㅉ	ㅊ	ㅋ	ㅌ	ㅍ	ㅎ
ㅏ	가	까	나	다	따	라	마	바	빠	사	싸	아	자	짜	차	카	타	파	하
ㅐ	개	깨	내	대	때	래	매	배	빼	새	쌔	애	재	째	채	캐	태	패	해
ㅓ	거	꺼	너	더	떠	러	머	버	뻐	서	써	어	저	쩌	처	커	터	퍼	허
ㅔ	게	께	네	데	떼	레	메	베	뻬	세	쎄	에	제	쩨	체	케	테	페	헤
ㅕ	겨	껴	녀	뎌	뗘	려	며	벼	뼈	셔	쎠	여	져	쪄	쳐	켜	텨	펴	혀
ㅖ	계	꼐	녜	뎨	뗴	례	몌	볘	뼤	셰	쎼	예	졔	쪠	쳬	켸	톄	폐	혜
ㅗ	고	꼬	노	도	또	로	모	보	뽀	소	쏘	오	조	쪼	초	코	토	포	호
ㅘ	과	꽈	놔	돠	똬	롸	뫄	봐	뽜	솨	쏴	와	좌	쫘	촤	콰	톼	퐈	화
ㅙ	괘	꽤	놰	돼	뙈	뢔	뫠	봬	뾔	쇄	쐐	왜	좨	쫴	쵀	쾌	퇘	퐤	홰
ㅚ	괴	꾀	뇌	되	뙤	뢰	뫼	뵈	뾔	쇠	쐬	외	죄	쬐	최	쾨	퇴	푀	회
ㅛ	교	꾜	뇨	됴	뚀	료	묘	뵤	뾰	쇼	쑈	요	죠	쬬	쵸	쿄	툐	표	효
ㅜ	구	꾸	누	두	뚜	루	무	부	뿌	수	쑤	우	주	쭈	추	쿠	투	푸	후
ㅝ	궈	꿔	눠	둬	뚸	뤄	뭐	붜	뿨	숴	쒀	워	줘	쭤	춰	쿼	퉈	풔	훠
ㅞ	궤	꿰	눼	뒈	뛔	뤠	뭬	붸	쀄	쉐	쒜	웨	줴	쮀	췌	퀘	퉤	풰	훼
ㅟ	귀	뀌	뉘	뒤	뛰	뤼	뮈	뷔	쀠	쉬	쒸	위	쥐	쮜	취	퀴	튀	퓌	휘
ㅠ	규	뀨	뉴	듀	뜌	류	뮤	뷰	쀼	슈	쓔	유	쥬	쮸	츄	큐	튜	퓨	휴
ㅡ	그	끄	느	드	뜨	르	므	브	쁘	스	쓰	으	즈	쯔	츠	크	트	프	흐
ㅢ	긔	끠	늬	듸	띄	릐	믜	븨	쁴	싀	씌	의	즤	쯰	츼	킈	틔	픠	희
ㅣ	기	끼	니	디	띠	리	미	비	삐	시	씨	이	지	찌	치	키	티	피	히

Zusammengesetzte Silben werden nach folgender grundsätzlicher Regel geschrieben: Der Anlaut steht zuerst, dann folgt der Vokal. Wenn der Vokal ein Diphtong ist, der sich aus einem horizontalen (—), oder primär horizontalen Buchstaben (ㅗ, ㅛ, ㅜ, ㅠ) und einem vertikalen (ㅣ) oder primär vertikalen (ㅓ, ㅕ, ㅔ, ㅖ, ㅏ, ㅑ, ㅐ, ㅒ, ㅖ) zusammensetzt, so wird der horizontale Buchstabe zuerst geschrieben.

권 → ㄱ 구 궈 권   쥐 → ㅈ 주 쥐

화 → ㅎ 호 화   왜 → ㅇ 오 왜

궤 → ㄱ 구 궤   뇌 → ㄴ 노 뇌

Silben im Zusammenhang schreiben

가 그 귀 공 떡 권

가 그 귀 공 떡 권

가 그 귀 공 떡 권

가 그 귀 공 떡 권

가 그 귀 공 떡 권

가 그 귀 공 떡 권

가 그 귀 공 떡 권

가 그 귀 공 떡 권

가 그 귀 공 떡 권

가 그 귀 공 떡 권

> Bei manchen über-designten Schriftarten kommt es vor, dass die Schreibregeln bewusst ignoriert werden.

1.4.1

Die genaue Form der einzelnen Buchstaben variiert, wie man hier – quer durch die Fonts – schön sehen kann, mit dem Silbenaufbau. Das ㄱ verändert sich stark je nach der Silbenzusammensetzung, es bleibt aber dennoch derselbe Buchstabe. Für die Schreibschrift gilt das natürlich auch. (Wobei sich hier natürlich jeder seinen individuellen „Font" kreiert.) Koreanische Kinder lernen meist schon im Vorschulalter im Zuge von Schreibübungen intuitiv auch, dass es unterschiedliche Silbenaufbaumuster gibt.

보기 | 시 | 계 | | 텔 | 레 | 비 | 전

빵 *Brot*	김치 *Kimchi*	전화기 *Telefon*
밥 *Reis*	우유 *Milch*	냉장고 *Kühlschrank*
팔 *Arm*	카레 *Curry*	라디오 *Radio*
곰 *Bär*	시계 *Uhr*	강아지 *Hündchen, Welpe*
양 *Schaf*	의자 *Sessel*	부엉이 *Eule*
소 *Kuh*	가지 *Melanzani, Aubergine*	나뭇잎 *Blatt*
물 *Wasser*	호박 *Kürbis*	야구공 *Baseball*
달 *Mond*	풍선 *Ballon*	청소기 *Staubsauger*
해 *Sonne*	모토 *Motto*	할머니 *Großmutter*
창 *Fenster; Speer*	축구 *Fußball*	토마토 *Tomate*
컵 *Glas, Tasse, Becher*	라면 *Ramyeon, Ramen*	목걸이 *Halskette*
파 *Jungzwiebel*	사탕 *Bonbon*	색연필 *Buntstift*
빗 *Kamm*	다리 *Bein/Brücke*	손수건 *Handtuch*

Welche drei Wörter (aus der Auswahl auf der linken Seite) sind das (von links nach rechts: ein-, zwei- oder dreisilbig)? Errate die Wörter, indem du mit der Auswahl abgleichst, und schreib sie in das Raster:

1.4.8

Versucht, koreanische Buchstaben als Schatten an die Wand zu werfen.

❌ *ACHTUNG: Alle, denen die einfachen Wahrheiten lieber sind (weil sie sich sonst verwirrt fühlen), die sollen dieses Gift-schrank-Kastl lieber überspringen!*

Wenn wir vom Schreiben reden, sollten wir auch mal ganz ehrlich zueinander sein: In der Praxis gibt es nämlich, so wie ja auch bei uns, einige Abweichungen von der schul-mäßig korrekten Schrift. Und diese Abweichungen, eigentlich Abkürzungen, sind so gängig, dass sie hier erwähnt werden sollen.

ㅂ *wird von den meisten Koreanern eher mit zwei Strichen geschrieben. u.U. sogar mit nur einem einzigen:*

ㄷ *mit einem Strich*

ㅁ *mit zwei Strichen oder einem*

ㄹ *mit einem Strich* oder

ㅅ *mit einem Strich*

ㅈ *mit einem Strich*

ㅍ *mit drei Strichen oder*

ㅎ *mit zwei Strichen oder einem*

ㅗ *mit einem Strich*

ㅛ *mit zwei Strichen* oder

Stellt koreanische Silben pantomimisch (als „lebende Bilder") dar.

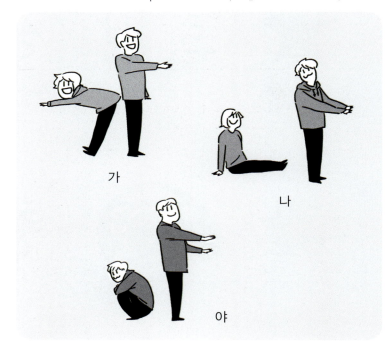

가

나

야

Malt einander mit dem Finger Silben auf den Rücken, der Partner muss raten:

Besonderheiten der Aussprache

→ gehauchter

Die Konsonanten werden nach einfacher, gespannter oder aspirierter Aussprache unterschieden. Für Lerner mit Deutsch als Ausgangsprache sind sie anfangs nicht leicht zu unterscheiden. Hör und sprich nach:

Laut	einfach		gespannt		aspiriert	
G – GG – K	기	Energie	끼	Mahlzeit	키	Größe
	개	Hund	깨	Sesam	캐 다	ausgraben
D – DD – T	달	Monat, Mond	딸	Tochter	탈	Maske
	도	Provinz	또	wieder	토	Erde
B – BB – P	불	Feuer, Licht	뿔	Horn	풀	Gras
	비다	leer sein	삐다	verstauchen	피다	blühen
J – JJ – CH	자다	schlafen	짜다	salzig sein	차다	kalt sein
	지다	verlieren	찌다	dämpfen	치다	schlagen
S – SS	사다	kaufen	싸다	billig sein		
	시	Gedicht	씨	Saat		

- *Aussprache von batchim 받침 (Konsonant am Silbenende) im Wort-Auslaut*

Regel	geschrieben		tatsächliche Aussprache
ㄲ / ㅋ → ㄱ	밖	draußen	박
	녘	[Himmels-]Richtung	녁
ㅅ / ㅈ / ㅊ/ ㅌ→ ㄷ	옷	Kleidung	옫
	젖	Muttermilch	젇
	꽃	Blume	꼳
	솥	Kochtopf	솓
ㅍ → ㅂ	앞	vorne	압
ㄳ / ㅄ nur der erste Konsonant wird ausgesprochen	넋	Seele	넉
	값	Preis	갑
ㄺ / ㄻ nur der hintere Konsonant wird ausgesprochen	닭	Huhn	닥
	삶	Leben	삼
ㄼ → ㄹ	여덟	acht	여덜
ㅎ → ㄷ ein „ㅎ" im Auslaut kommt allerdings nur in einem Fall vor (nämlich in der Bezeichnung des Buchstabens selbst)	히읗	der Buchstabe „ㅎ"	히읃

Allerdings begegnet man diesen Wörtern meist mit einer Postposition! Z.B. 꽃이, 꽃의, 꽃을... 삶이, 값이 etc. Die Aussprache in diesem Fall ist ein sehr wichtiges Kapitel für sich. Hier eine Übersicht:

• *Sonderregeln beim Aufeinandertreffen von Silben*

In der Wortmitte, also beim Zusammentreffen zweier Silben, sind die folgenden Besonderheiten zu beachten:

Regel	geschrieben	tatsächliche Aussprache
Liaison Konsonantische Auslaute werden in die nächste Silbe „hinübergezogen" und entsprechend ausgesprochen, wenn der Anlaut der nächsten Silbe vokalisch ist („ㅇ-Anlaut"). Dies gilt aber nur innerhalb von Wörtern! Es gibt also keine Liaison wie im Französischen, wo zwei an sich getrennte Wörter beim zufälligen Zusammentreffen plötzlich eine phonetische Einheit bilden.	갔어요 *gegangen*	가써요 *gasseoyo* [nicht gass-eoyo]
	달이 *der Mond*	다리 *dari* [nicht dal-i]
	있어요 *es gibt*	이써요 *isseoyo*
	꽃을 *die Blume*	꼬츨 *ggocheul*
	낮이 *der Tag*	나지 *naji* [nicht nat-i]
	밖에 *draußen*	바께
	앞으로 *nach vorne*	아프로
	닭을 *das Huhn*	다글 *dageul* [nicht dal-geul]
	앉아 *Sitz [Imperativ]*	안자
ㄹ + Vokal Aus dem auslautenden „l" wird ein anlautendes „r".	할아버지 *Großvater*	하라버지
	발음 *Aussprache*	바름 als „r" artikuliert
ㄹ + ㄹ Treffen zwei ㄹ aufeinander, so werden sie als „ll" ausgesprochen (und nicht „rr" oder „lr" oder „rl")	달력 *Kalender*	달력 als „ll" ausgesprochen
ㅁ/ㅇ + ㄹ → ㅁ/ㅇ + ㄴ	음료 *Getränk*	음뇨 *eumnyo* [nicht eum-ryo]
	종로 *Jongno*	종노 *Jongno*
ㄱ + ㄴ/ㄹ → ㅇ + ㄴ	국내선 *Inlandsflug*	궁내선
	국립 *staatlich*	궁닙
ㄴ + ㄹ → ㄹ + ㄹ **ㄹ + ㄴ**	신라 *Shilla*	실라
	팔년 *acht Jahre*	팔련
ㅂ + ㄴ/ ㄹ → ㅁ + ㄴ **ㅂ + ㅁ → ㅁ + ㅁ**	합니다 *tun [Hilfszeitwort]*	함니다 *hamnida* [nicht hab-nida]
	법률 *Gesetz*	범뉼 *beomnyul* [nicht beob-ryul]
	업무 *Angelegenheit*	엄무 *eommu* [nicht eobmu]
ㄷ/ㅌ vor ㅇ/ㅎ ㄷ und ㅌ werden vor 이 oder 히 palatalisiert und wie die Konsonanten ㅈ bzw. ㅊ ausgesprochen.	같이 *mit*	가치
	닫히다 *geschlossen werden*	다치다
	미닫이문 *Schiebetür*	미다지문
ㅎ + ㄱ/ㄷ/ㅈ Der Auslaut ㅎ wird vor Vokalen nicht realisiert. Vor ㄱ, ㄷ und ㅈ führt er zu einer Aspiration dieser Konsonanten.	좋게 *gut*	조케
	이렇게 *wie dies*	이러케
	닿다 *berühren*	다타
ㅎ + ㅅ Vor einem ㅅ führt ㅎ zu einer Verdoppelung des folgenden Anlautes (Anlaut ㅅ wird also zu ㅆ).	그렇지만 *aber*	그러치만
	싫습니다 *ich will nicht*	실씁니다
ㅎ + ㄴ → ㄴ + ㄴ	좋니 *bist du zufrieden?*	존니

ㅎ + ㅇ	쌓이다	*anhäufen*	싸이다
ㄱ / ㄷ / ㅂ / ㅈ + ㅎ	각하	*Herr Staatspräsident*	가카
	맏형	*ältester Bruder*	마
	답하다	*beantworten*	다파다
	맞히다	*treffen*	마치다
Bei allen Doppelkonsonanten außer ㄶ und ㅀ wird ein Anfangs-ㄷ in der nächsten Silbe zu ㄸ (gespanntes „t")	밝다	*hell sein*	박따
	앉다	*sich setzen*	안따
	닮다	*ähneln*	담따
	짧다	*kurz sein*	짤따
	읊다	*rezitieren*	읍따
	핥다	*lecken*	할따
	없다	*nicht existieren*	업따
	값을	*den Preis*	갑쓸
ㄽ	[Wird hier übergangen; es gibt nur 5 Wörter, die noch ein ㄽ enthalten …]		
ㄶ / ㅀ + ㄴ ㅎ wird nicht ausgesprochen; für ㅀ + ㄴ gilt dann also das gleiche wie für ㄹ + ㄴ	많네	*das ist aber viel*	만네
	뚫는	*bohrend*	뚤른

Am Anfang kann es dir helfen, wenn du neben dem Hangeul eine Transkription (in lateinische Buchstaben) stehen hast. Du wirst aber bestimmt nicht lange brauchen. Vielleicht bist du sogar schon zu diesem Zeitpunkt zu gut (oder zu alt?) für die folgende kleine Übung:

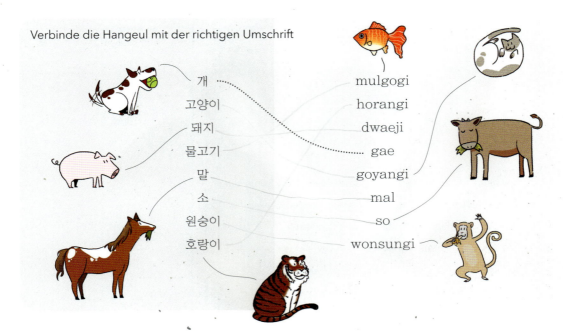

Verbinde die Hangeul mit der richtigen Umschrift

개 — 고양이 — 돼지 — 물고기 — 말 — 소 — 원숭이 — 호랑이

mulgogi — horangi — dwaeji — gae — goyangi — mal — so — wonsungi

1.5.3 Hör die Worte an und vervollständige:

1) 돼 지   *Schwein*

ㅜ (woist ein Vokal, deshalb O!

2) 원 승 이   *Affe*

3) 라 면   *Ramyeon (Ramen)*

4) 아 이   *Kind*

5) 김 치   *Kimchi*

6) 자 동 차   *Auto*

7) 에 아 리   *Echo*

8) 호 랑 이   *Tiger*

1.5.4 Gib an, in welcher Reihenfolge du diese Wörter hörst:

a) 나무 *Baum*   3

이끼 *Moos*   4

장미 *Rose*   1

풀 *Gras*   5

식물 *Pflanze*   2

b) 일본 *Japan*   2

중국 *China*   4

미국 *USA*   3

대만 *Taiwan*   1

러시아 *Russland*   5

 Leseübungen zur Aussprache

1.5.5 Grundvokale:

ㅏ: 나라 *Land* 가나 *Ghana* 강가 *Flussufer* 바라다 *wünschen* 마마 *Eure Hoheit! Majestät*

ㅑ: 야구 *Baseball* 이야기 *Geschichte* 야! *He [da!] Hör mal!* 야하다 *erotisch aufreizend, vulgär sein*

ㅓ: 너 *du* 어머 *Jessas!* 거지 *Bettler* 머리 *Kopf* 저기 *dort*

ㅕ: 여우 *Fuchs* 여자 *Mädchen, Frau* 소녀 *Mädchen* 여념 餘念 *nicht zur Sache gehörende andere Gedanken*

> **Q** Warum sind hier auf einmal Hanja und bei 여자 und 소녀 nicht? **A** Woher weißt du, dass das Wörter sind, zu denen es Hanja gibt? **Q** Weiß ich eben zufällig. **A** Aha, also gut: manchmal schreibt man die chinesischen Schriftzeichen eben dazu, um den Sinn zu vereindeutigen oder um einen Wink zu geben. Mit dem bloßen Laut hat man manchmal zu wenige Anhaltspunkte, v.a. wenn ein Wort isoliert dasteht. Wir kommen ab der zweiten Lektion immer wieder mal darauf zurück. Hanja sind aber kein „Lehrinhalt" des Buchs. Lass dich nur so en passant ein wenig dafür sensibilisieren.

ㅗ: 도시 *Stadt* 모기 *Mücke* 포도 *Weintrauben* 보도 *Bürgersteig*

ㅛ: 교가 *Schullied* 묘지 *Friedhof* 요리 *das Kochen, Speise* 쇼 *Show*

ㅜ: 우주 *Weltall* 구두 *Stiefel* 누나 *ältere Schwester* 우울 *Depression*

ㅠ: 우유 *Milch* 유자 *Yuzu-Frucht* 유유하다 *gelassen sein* 유아 *Säugling, Baby*

ㅡ: 스승 *Lehrer* 으뜸 *Spitze, Nr. 1* 느슨 *locker, lose* 흐르다 *fließen*

ㅣ: 미리 *im Voraus* 일리 *Plausibilität* 비누 *Seife* 나이 *Alter* 시다 *sauer sein*

Zusammengesetzte Vokale:

ㅐ : 개 *Hund* 개미 *Ameise* 배우다 *lernen* 소개 *vorstellen*

ㅒ : 얘기 *Geschichte* 얘들아 *Kinder! [Anrede]* 섀도우 *Lidschatten [engl. shadow]*

ㅔ : 네 *ja* 네거리 *Kreuzung* 데다 *sich verbrennen* 제주도 *Insel Jeju*

ㅖ : 예산 *Budget* 가계 *Haushalt* 시계 *Uhr* 예 例 *Beispiel* 예의 *Manieren* 예쁜이 *Hübsche [Anrede im Sinn von „Schatzi"]*

ㅘ : 과거 *Vergangenheit* 과자 *Keks* 사과 *Apfel* 와! *Komm!; [Aber auch: Wow!]*

ㅙ : 괘도 掛圖 *Wandkarte* 왜 *warum* 왜놈 *abfällig für Japaner, „Japs"* 왜소 *klein, winzig* 돼지 *Schwein*

ㅝ : 권리 *Recht* 권고 *Ratschlag* 원 *Won [die koreanische Währung]* 원하다 *wünschen*

ㅞ : 궤도 軌道 *Bahngleis* 꿰매다 *zusammennähen* 뒈지다 *verrecken* 훼손 *Demütigung*

ㅚ : 괴물 *Ungeheuer* 뇌 *Gehirn* 뇌물 *Schmiergeld* 회사 *Firma* 외국 *Ausland*

ㅟ : 귀 *Ohr* 뒤 *hinten* 쉬다 *sich ausruhen* 쥐 *Maus* 귀신 *Gespenst*

ㅢ : 의사 *Arzt* 의지 *Wille* 희망 *Hoffnung* 성희롱 *sexuelle Belästigung*

Doppelkonsonanten:

ㄲ : 까마귀 *Rabe* 꼬마 *kleines Kind* 아까 *vorhin* 끼니 *Essen, Mahl*

ㄸ : 따뜻하다 *warm sein* 따다 *pflücken* 또 *wieder, noch einmal* 띠* *Gürtel; chinesisches Sternzeichen*

ㅃ : 빠르다 *schnell sein* 빠지다 *hineinfallen* 뺨 *Wange* 뽀뽀 *Bussi*

ㅆ : 싸구려 *billige Ware* 싸이 *PSY* 싸다 *billig* 아가씨 *Fräulein*

ㅉ : 짜다 *salzig* 쪼개다 *zerhacken, brechen* 찌다 *dämpfen* 쭈그리다 *sich ducken*

> 띠 ist ein schönes Beispiel für eine Homophonie. Ein Homophon ist ein Wort, das bei gleicher Aussprache verschiedene Bedeutungen hat. Z.B.: arm/Arm [arm sein/der Arm], mehr/Meer, Waise [das Waisenkind]/Weise [die Weise]/Weise [der weise Mann]. Das Koreanische ist besonders reich an Homophonen, und bei vielen Wörtern lässt sich die Bedeutung nur an den Hanja festmachen.

Höre und lies die folgenden Wörter:

자리 *Platz, Sitz* 어머니 *Mutter* 바지 *Hose* 아버지 *Vater* 주제 *Thema* 소리 *Ton Laut*
예쁘다 *schön* 짜증나다 *genervt sein* 고추 *Pfefferoni* 웨딩드레스 *wedding dress* 여우 *Fuchs*
소개 *Vorstellung [Bekanntmachung beim ersten Kennenlernen]* 흐르다 *fließen* 교회 *Kirche* 꼬마 *kleines Kind*
유명하다 *berühmt sein* 왜 *warum* 교도소 *Gefängnis* 따다 *pflücken* 싸우다 *streiten*
사고 *Unfall* 쉬다 *sich ausruhen* 뼈 *Knochen* 애기 *Kind* 시계 *Uhr* 싸이 *PSY* 리그 *Liga*
짜다 *salzig* 회사 *Firma* 원하다 *wünschen* 너와 나 *du und ich* 쇼 *Show*

Höre und lies die folgenden Wörter:

읽어 [읽다 *lesen*] *Lies!*
삶아 [삶다 *kochen, sieden*] *Siede das!*
굵어 [굵다 *dick sein*] *Das ist aber dick!*
끓어 [끓다 *sieden, kochen*]
젊어 [젊다 *jung sein*] *Der/Die ist aber jung.*
앉아 [앉다 *sich setzen*]

> In Klammern der jeweilige Infinitiv; die konkrete Bedeutung der Verbformen ist hier – wegen der potenziellen Mehrdeutigkeit – nur dann übersetzt, wenn sich die einzelne Verbform als „Ein-Wort-Satz" eignet.

핥아 [핥다 *lecken*]
갉아 [갉다 *knabbern*]
읊어 [읊다 *rezitieren*]
맑아 [맑다 *klar sein*]
밟아 [밟다 *treten*]
짧아 [짧다 *kurz sein*]

1.5.6 Hör zu und trage ein:

1) 뱀

2) 호랑이

3) 개

4)  얼룩말

5) 돼지

6)  말

7) 고양이

8) 원숭이

1.5.7 Finde das richtige Wort in Hangeul, das zur Umschrift passt und trag in die vier leeren Felder nach der Reihe die Silben ein, die in Klammern nach dem richtigen Wort stehen:

BIG BANG	빅뱅 (팔)	핑퐁 (모)	뽀뽀 (신)	바보 (서)
SONYEO SIDAE	소녀 세계 (동)	소년 시계 (김)	소녀시대 (도)	소나무잎 (러)
2NE1	튜브물감 (가)	특별인사 (이)	투자하다 (중)	투애니원 (강)
2PM	투데이 (조)	투피엠 (산)	트위터 (일)	특별히 (아)

Die richtige Lösung ergibt ein Wort:

KIMCHI	김밥 (강)	김장 (고)	김씨 (갈)	김치 (대)
RAMYEON	라이벌 (피)	라면 (한)	라디오 (커)	라틴 (칼)
BULGOGI	불고기 (민)	불난다 (너)	불꽃놀이 (산)	불갈비 (감)
JAJANGMYEON	자장가 (소)	자장면 (국)	자전거 (별)	자신감 (꽃)

Die richtige Lösung ergibt ein Wort:

Übung / 연습

1.5.8

 Ordne zu:

볼프강 아마데우스 모짜르트	Sigmund Freud
베를린	Hamburg
안톤 브루크너	Austria (Österreich)
아널드 슈워제네거	Haydn
요한 슈트라우스	Hotel
오스트리아	Golf
골프	Stress
호텔	Banane
루트비히 판 베토벤	Radio
아이스크림	Anton Bruckner
스트레스	Wolfgang Amadeus Mozart
비타민	ice cream
지그문트 프로이트	Johann Strauß
바나나	Arnold Schwarzenegger
라디오	Ludwig van Beethoven
하이든	Franz Josef
컴퓨터	Computer
함부르크	Dresden
드레스덴	Berlin
프란츠 요제프	Vitamin

• Da es im Koreanischen einige deutsche bzw. englische Laute nicht gibt, verwendet man z.B. für „f" und „w" meistens ein „ㅍ" und ein „ㅂ".

Übung / 연습

1.5.9

Welche westlichen Namen sind das?

스테판	*Stefan*	알프레드	
파비안		토마스	
안나		사라	
크리스토프		소냐	
마리아		팀	
이리스		유르겐	
요셉		탄야	
한나		토비아스	
율리안		파울	

1.5.10

Finde die Namen der 17 Komponisten (Achtung: es gibt vier Leserichtungen: waagrecht und senkrecht, von links nach rechts oder rechts nach links bzw. oben nach unten oder unten nach oben) …

Johann Sebastian Bach
1685 (Eisenach) - 1750 (Leipzig)
Ludwig van Beethoven
1770 (Bonn) - 1827 (Wien)
Johannes Brahms 1833 (Hamburg) - 1897 (Wien)
Anton Bruckner
1842 (Oberösterreich) - 1896 (Wien)
Antonín Dvořák 1841 (Nelahozeves) - 1904 (Prag)
Christoph Willibald Gluck
1714 (Oberpfalz) - 1787 (Wien)
Edvard Grieg
1843 (Norwegen) - 1907 (Norwegen)
Joseph Haydn
1732 (Niederösterreich) - 1809 (Wien)
Franz Liszt 1811 (Burgenland) - 1886 (Bayreuth)
Wolfgang Amadeus Mozart
1756 (Salzburg) - 1791 (Wien)
Modest Mussorgski
1839 (Karewo) - 1881 (St. Petersburg)
Arnold Schönberg
1874 (Wien) - 1951 (Los Angeles)
Franz Schubert 1797 (Wien) - 1828 (Wien)
Richard Strauss 1864 (München) -
1949 (Garmisch-Partenkirchen)
Pjotr Iljitsch Tschaikowski
1840 (Wotkinsk) - 1893 (St. Petersburg)
Richard Wagner 1813 (Leipzig) - 1883 (Venedig)
Giuseppe Verdi
1813 (Herzogtum Parma) - 1901 (Mailand)

드	보	르	작	쿠	몬	빵	쇠	물
무	소	르	그	스	키	그	리	그
많	트	쏴	놀	우	브	람	스	올
베	르	디	팟	라	루	능	트	슈
크	짜	찮	해	트	크	루	글	베
르	모	하	열	슈	너	그	바	르
베	차	이	뒤	콥	스	키	흐	트
쇤	쇼	든	찰	삼	몽	벤	토	베

1.5.11

Suche nach österreichischen Bundesländern bzw. Städten (es gibt keine Überschneidungen; ACHTUNG: nicht nur von rechts nach links bzw. von oben nach unten, sondern auch von links nach rechts bzw. unten nach oben zu lesen):

슈	타	이	어	마	르	크	오
크	르	베	를	아	어	포	버
티	롤	할	슈	타	트	크	외
케	부	르	겐	란	트	르	스
른	크	꽤	딹	츠	린	부	터
텐	렘	츠	겐	레	브	스	라
빈	스	몸	그	라	츠	인	이
니	더	외	스	터	라	이	히

Ordne die „Dominosteine" durch die Zahlen nach der richtigen Wortfolge nebeneinander:

바 나	프 커	프 호	론 치	비 점	오 센	킨 엔
1	2	3	4	5	6	7

션 카	자 버	페 라 커	스 모	텔 오	터 멜
8	9	10	11	12	13

진 패	메 라	프 라 디	피 수	델 골	튼 티	나 피
14	15	16	17	18	19	20

Enthalten sind die folgenden Wörter:

바나나 *Banane*
카메라 *Kamera*
골프 *Golf*
커피 *Kaffee*
라디오 *Radio*
치킨 *Backhendl*
피자 *Pizza*

센터 *Zentrum*
오페라 *Oper*
호텔 *Hotel*
모델 *Model*
커튼 *Vorhang*
점프 *Jump*
버스 *Bus*

수프 *Suppe*
멜론 *Melone*
패션 *Fashion*
티비 *TV*
엔진 *Motor*

Aussprache 발음

Wie wird das Wort wirklich ausgesprochen?

보기 학교 *Schule*   학교 – 학쿄 – 학꾜 – 학교

Schlag nach in einem Internet-Wörterbuch!

1. 빗자루 *Besen*   빗자루 – 비차루 – 빈짜루 – 빈자우
2. 꽃병 *Vase*   꽃병 – 꼳병 – 꼰병 – 꼳뼝
3. 철도 *Eisenbahn*   철도 – 철또 – 철로 – 철토
4. 약혼 *Verlobung*   약혼 – 약콘 – 야콘 – 야혼
5. 식물 *Pflanze*   식물 – 싱물 – 식불 – 신물
6. 맥주 *Bier*   맥추 – 맥쭈 – 맥주 – 맥주
7. 국화 *Chrysantheme*   구과 – 국과 – 국화 – 구콰
8. 속옷 *Unterwäsche*   소곧 – 속옷 – 쏘곳 – 소꼳
9. 찻잔 *Teetasse*   차찬 – 찯잔 – 차잔 – 찯짠

학교 [學校]

발음 : 학꾜

명사
<교육> 일정한 목적 · 교과 과정 · 설비 · 제도 및 법규에
계속적으로 학생에게 교육을 실시하는 기관. [비슷한 말] 학
학교에 다니다

명사속담/관용구
관용구
학교(는) 구경도 못하다
[같은 관용구] 학교 근처에도 못[안] 가 보다.
나도 학교는 구경도 못해 보고 자라난 사람이야.

Für den westlichen Lerner stellt dieser Schatz an Lautmalereien eine ausgleichende Gerechtigkeit dar. Denn beim sinokoreanischen Wortschatz ist es oft ganz anders: mit dem bloßen Laut ist die Bedeutung gewissermaßen noch unterdefiniert, es braucht in Wahrheit die „Tiefenschicht" der chinesischen Zeichen, um zu wissen, was das Wort genau bedeutet. Die zwei Silben, aus denen ein sinokoreanisches Wort meist besteht, ergeben oft ein Homophon mit zwei, drei, vier, mitunter gar einem Dutzend und mehr „Bedeutungen" (von denen auch natürlich, das muss dazugesagt sein, die meisten sehr selten sind). Bedeutungen steht deshalb in Anführungszeichen, weil diese Homophone ja völlig verschiedene Wörter sind, sie klingen bloß gleich. Für den Fortgeschrittenen erschließt sich die Bedeutung aus dem Kontext, aber man schreitet auf jeden Fall schneller fort, wenn man die Wörter von ihrer wörtlichen Bedeutung her lernt, am besten auch gleich mit Hanja.

In der Proklamation des Hangeul steht:

Sogar das Wehen des Windes, Kranichgeschrei, das Krähen des Hahns und Hundegebell können alle schriftlich wiedergegeben werden. Gemeint ist: das Hangeul erlaubt nunmehr, im Unterschied zur chinesischen Schrift, die Wiedergabe von Tönen. Allerdings ist die zitierte Textstelle auch deshalb so interessant, weil das Koreanische tatsächlich eine große Liebe zur Wiedergabe von Geräuschen aller Art hegt.

Der Wind weht auf Koreanisch so: 살랑살랑, 쌩쌩, 솔솔, 쏴아쏴아, 휙휙, 윙윙, Kranichgeschrei: 뚜루루, Das Krähen des Hahns: 꼬끼오 und Hunde bellen so: 멍멍, 왈왈

Man nennt solche Wörter „의성어" (擬聲語 Vergleich-Geräusch-Wort). Eine ebenso wichtige Gruppe bilden die „의태어" (擬態語 Vergleich-Gestalt-Wort), bei denen es nicht um Klänge geht, sondern um so etwas wie Bewegungen, um Verhalten, um die „Gestalt" also (im Gegensatz zum „Klang" bzw. „Geräusch") geht.

Mimetische Wörter - 의태어

또박또박: pedantisch genau, ohne etwas auszulassen (z.B. könnte man ddobak-ddobak brav seine Hangeul-Buchstaben schreiben; oder ddobak-ddobak regelmäßig etwas einzuzahlen)

벌벌: wenn man am ganzen Körper vor Angst oder Kälte zittert und bibbert

아장아장: der noch etwas ungeschickte und unsicher Gang eines Kleinkinds (taumeln)

살금살금: z.B. „schleichen"; etwas so tun, dass es andere nicht merken bzw. nicht hören.

비틀비틀: ein schwaches, kraftloses Gehen, so als würde man im nächsten Moment umfallen

우물쭈물: wenn jemand zögert und sich nicht recht traut bzw. sich zu keinem Entschluss durchringen kann; im „Wiglwogl" sein

끄덕끄덕: nicken (mit dem Kopf automatengleich hinauf und hinunter)

허둥지둥: wenn man etwas in Eile sehr chaotisch erledigt

깜빡깜빡: ein Blinken (ein Art von On-Off, mit Licht assoziiert)

폭신폭신: wenn sich etwas weich, voll und elastisch anfühlt, z.B. ein Kissen

빙빙: wenn sich etwas immer im selben Kreis dreht (auch mit Schwindel assoziiert)

중얼중얼: die Lippenbewegung bei einem Gemurmel (z.B. bei einem Selbstgespräch)

쫄깃쫄깃: etwas ist „jjolgit-jjolgit", wenn es weich und gleichzeitig zäh ist; etwas, das man in Korea traditionell sehr schätzt, für Ausländer mitunter eher gewöhnungsbedürftig

깨작깨작: wenn jemand ohne Begeisterung, sehr langsam und in kleinen Happen, isst

말랑말랑: wenn etwas sehr weich (u.U. sogar schwabbelig) ist

어질어질: schwindlig

간질간질: kitzlig

울퉁불퉁: holprig (ein unebener Untergrund)

Lautmalerische Wörter im engeren Sinn (es geht tatsächlich um Geräusche) - 의성어

드르렁드르렁: das Schnarchgeräusch

따르릉: wenn ein Wecker oder Handy klingelt

꼬르륵: das Knurren des leeren Magens; oder das Gurgeln von viel Wasser in einem engen Abfluss

빵빵: das Hupen eines Fahrzeuges oder ein Platzen in schneller Folge (z.B. mehrere Ballons hintereinander)

뿡뿡: ein „Pupsen" (wenn die Winde gehen, ein – warum nicht? – Furzen)

쌩쌩: das Geräusch des Winds, wenn er sehr stark und mit hoher Geschwindigkeit weht

딩동: das Geräusch einer Türglocke

꿀꺽꿀꺽: ein Schluckgeräusch (wenn man den Mund sehr voll genommen hat und viel auf einmal runterschluckt)

엉엉: ein lautes Weinen oder Heulen

풍덩풍덩: das Geräusch, wenn eine kleine feste Materie in Wasser hineinfällt.

철컥: das Geräusch, wenn zwei feste Körper aneinanderstoßen (z.B. Billardkugeln)

똑똑: das Geräusch, das entsteht, wenn Tropfen auf den Boden fallen

쌕쌕: der Atem eines Säuglings im Schlaf

짝짝: das Geräusch beim in die Hände Klatschen

달그락달그락: das Geräusch, wenn kleine und harte Gegenstände gegeneinanderstoßen

칙칙폭폭: wenn eine Dampflokomotive schnaubend und stampfend dahinfährt

Kinder lieben Lautmalereien

„knusper-knusper-knäuschen …", „mit dem Köpfchen nick-nick-nick, mit den Fingerchen tick-tick-tick …" Koreanische Kinderbücher sind auf Schritt und Tritt voll von Lautmalereien, aber auch in der Alltagssprache haben die fein differenzierten Beschreibungen, die in den lautmalerischen Wörtern kondensiert sind, ihren festen Platz.

Es gibt auch zahlreiche Fälle, in denen nicht recht zu entscheiden ist, ob 의성어 oder 의태어 (Geräusch oder Gestalt). Von Fall zu Fall steht entweder das eine oder das andere im Vordergrund.

주룩주룩: Geräusch und Form eines dicken Wasserstroms, der mit hoher Geschwindigkeit fließt.

쿨쿨: die Gestalt eines Menschen, der tief schläft, oder auch sein Atmen

바삭바삭: knusprig (ein knuspriger Keks oder z.B. das Geräusch, das zu hören ist, wenn man in einen knusprigen Keks hineinbeißt)

부슬부슬: der Anblick bzw. das leise Geräusch, wenn es ein zart schneit bzw. schwach regnet

두근두근: wenn das Herz vor lauter Nervosität klopft

줄줄: ein Fließen

1.6.2

Nach einem alten gestaltpsychologischen Experiment würde eine Mehrheit der Menschen die Phantasiewörter Maluma und Takete so zuordnen wie im Bild und nicht umgekehrt.

Passt der Laut für dich zum Bezeichneten? Nur zum Spaß: Wer errät einfach nach dem Laut einige richtige? (Es muss dazugesagt werden: diese Fischnamen sind keineswegs alle lautmalerisch!)

1.6.3

Einige der folgenden Tiere sind schon vorkommen. Wage dich darum auch an die nächsten "Rätsel":

| 고양이 | 다람쥐 | 날다람쥐 | 개 |

| 원숭이 | 코뿔소 | 뱀 | 호랑이 |

| 돼지 | 송아지 | 토끼 | 말 |

Tierlaute

 Welcher Laut passt zu welchem Tier?

| 멍멍 | 어흥, 으르렁 | 야옹 | 찍찍 | 음메 | 꿀꿀 | 꼬끼오 |

1.7.1 🖉 Einfach zum Nachschreiben:

강원

경상

제주

경기

서울

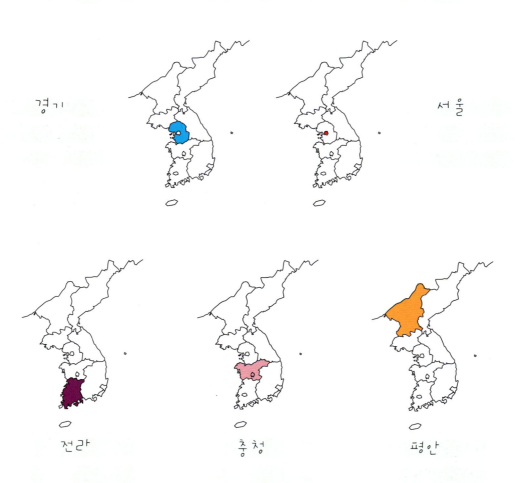

전라

충청

평안

함경　　　황해

 ein Spiel　　　**Übung / 연습**

„Im Eichbaum sitzt der Uhumann / und zieht sich seine Schuhu an", „Der große Flaps von Fleps / flipst auf seiner Flopse: Flups!" - Kinder lieben Sprachspiele und klangvolle, intuitiv einleuchtende Wörter. Die folgende rhythmische Übung hat durchaus pädagogischen Wert und sollte bis zur Perfektion trainiert werden:

지글 지글 짝짝
보글 보글 짝짝
지글 짝
보글 짝
지글 보글 짝짝

Bei jigeul wird mit den Ellbogen seitlich nach hinten gestoßen (wie bei einer Aufwärmübung), bei bogeul hat man die Unterarme horizontal vor dem Körper und lässt sie umeinander kreisen (umeinander drehen sich allerdings nur die Fäuste). Bei jjakjjak wird geklatscht.

 ein Lied　　　**Kultur / 문화**

(Nach der Melodie von „Twinkle, twinkle, little star", „A vous dire je maman", „Morgen kommt der Weihnachtsmann":)

반짝 반짝 작은 별　　　*Blink, blink, kleiner Stern*
아름답게 비치네　　　*Leuchtet so schön*
서쪽 하늘에서도　　　*Im westlichen Himmel*
동쪽 하늘에서도　　　*Im östlichen Himmel genauso*
반짝 반짝 작은 별　　　*Blink, blink, kleiner Stern*
아름답게 비치네　　　*Leuchtet so schön*

지글 *zisch*　　보글 *blubber*　　짝짝 *klatsch–klatsch [beim in die Hände klatschen]*

송알송알 싸리잎에 은구슬
조롱조롱 거미줄에 옥구슬
대롱대롱 풀잎마다 총총
방긋 웃는 꽃잎마다 송송송

Kullernd am Buschkleeblatt: Silberperlen
Zappelnd am Spinnennetz: Jadeperlen
Baumelnd an jedem Grashalm dicht aneinander
Überall die lautlos lachenden Blumenblätter ausgesät

송송송	*mimetisch (gestaltnachahmend) für perlenförmige Wasser– oder Tautropfen*
대롱대롱	*wenn viele kleine Früchte am Ast hängen*
조롱조롱	*das Baumeln kleiner Dinge*
방긋	*ein lautloses Lachen*
송알송알	*mimetisch (gestaltnachahmend) für die Vorstellung, dass da viele kleine, feine Stücke, Poren oder z.B. auch Tropfen sind; hier also: übersät mit kleinen Regentropfen*

싸리잎 *Buschkleeblatt* 은구슬 *Silbermurmel, Silberperle* 거미줄 *Spinnennetz* 옥구슬 *Jademurmel, Jadeperle*
풀잎 *Grasblatt* 총총 *dicht aneinander, eng nebeneinander* 꽃잎 *Blumenblatt*

2

자기소개
sich vorstellen

grüßen

2.1.1

Händeschütteln ist in Korea als Begrüßung im Vormarsch, aber traditionell nicht so üblich. Unter Personen, die einander häufig sehen wird meist nur mit Verbeugungen oder angedeuteten Verbeugungen gegrüßt. Im Fall des Falles gibt man aber nicht nur die Hand, sondern unterstützt die rechte Hand mit der linken. Diese Geste gilt als umso respektvoller bzw. wärmer, je näher die linke an der rechten ist. Die Hand des anderen mit beiden zu umfassen, gilt als besonders „warm", ist allerdings nicht immer angebracht, wenn es vor allem darum geht, Respekt zu zeigen.

 자기소개 *sich vorstellen (sagen, wer man ist)*

2.1.2

A *Guten Tag. Ich heiße Andi. Sehr erfreut.*

B *Ich bin Birgit. Mein Hauptfach ist Koreanologie. Auf gute Zusammenarbeit.*

A 안녕하십니까?
제 이름은 안디입니다.
반갑습니다.

B 비르기트입니다.
전공은 한국학입니다.
잘 부탁합니다.

선생님 : ein sinokoreanisches Kompositum aus 先 (Aussprache: 선) und 生 (Aussprache 생) mit dem honorativen Suffix 님 („verehrter").

Koreaner erklären Hanja unter Zuhilfenahme einer vereindeutigenden Bedeutung-Laut-Doppellesung: 先 ist z.B. das „먼저 선", also das „Zuerst-Seon", 生 das „날 생", also das „Gebären-Saeng". Für den reinen Laut gäbe es zu viele Homophone, d.h. gleichlautende Silben (Morpheme), die aber etwas anderes bedeuten, darum diese Bedeutung-Laut-Doppellesung. Seonsaengnim („nim" dient als Honorativ-Markierung) – eine Anrede, die man allgemein Älteren und Respektspersonen, mitunter aber auch Gleichgestellten und z.B. an einer Universität auch (respektvoll zu behandelnden) Untergeordneten gegenüber verwendet – hieße somit wörtlich soviel wie „Verehrter Früher-Geborener".

안녕! 安寧 *Grüß dich/Hallo/Servus/Tschüss*   안녕하세요?/안녕하십니까? *„Haben Sie Frieden?" Guten Tag/Grüß Gott*
반갑습니다 *sehr erfreut*   저 *ich*   제 *mein*   이름 *Name*   전공 專攻 *Hauptstudium*   한국 韓國 *Korea*
한국학 韓國學 *Koreanologie*   사람 *Mensch*   한국 사람 *KoreanerIn*   한국어 韓國語 *koreanische Sprache*
선생 先生님 *LehrerIn*   오스트리아 *Österreich*   교환 학생 交換 學生 *AustauschstudentIn*   대학 大學 *Universität*
대학생 大學生 *StudentIn*   독일 獨逸 *Deutschland*

Lies und füll die Tabelle aus:

A 안녕하세요? 김수현입니다. 한국 사람입니다. 한국어 선생님입니다.
B 안녕하세요? 배운아입니다. 저도 한국 사람입니다. 교환 학생입니다.
C 안녕하세요? 슈테판입니다. 저는 오스트리아 사람입니다. 대학생입니다.
D 안녕하세요? 카타리나입니다. 저는 독일 사람입니다. 저도 대학생입니다.

	A	B	C	D
Name 이름	김수현			
Nationalität 국적				독일
Beruf 직업			대학생	

Sprachbetrachtung+Idiomatik 2.1.4

- 잘 부탁합니다

  „Ich hoffe auf Ihr Wohlwollen." (Noch wörtlicher: *„Ich bitte gut [freundlich, sehr]."*) Eine Wendung, mit der sich Koreaner beim Kennenlernen ihrem Gegenüber empfehlen; wird aber auch bei konkreten Anliegen benutzt. Noch höflicher bzw. formvollendeter wäre „잘 부탁 드립니다".

- 한국 사람

  „Korea-Mensch" = ein koreanischer Mensch = ein Koreaner. Bei dieser Kombination von zwei Nomen bestimmt das erste das zweite näher. 한국 친구 *„Korea-Freund"* = ein koreanischer Freund = ein mit (z.B.) mir befreundeter Koreaner / ein Freund aus Korea

- 교환학생

  Austausch + Student = Austauschstudent. Die Wortbildung funktioniert hier wie im Deutschen.

- 김수현입니다

  „Ich bin Kim Su-Hyeon." oder *„Mein Name ist Kim Su-Hyeon."* Ein grammatikalisches Subjekt („ich" oder „mein Name") fehlt hier. In einer anderen Situation könnte 김수현입니다 daher auch die Aussage über eine dritte Person sein (*„Das ist Kim Su-Hyun."*) Koreanisch ist eine elliptische (zu Auslassungen neigende) Sprache, wie man hier sehen kann.

  > 홍길동입니다. *Ich bin Hong Gil-Dong. Oder: Er/Sie ist Hong Gil-Dong.*
  > 저는 홍길동입니다. *Ich bin Hong Gil-Dong.*
  > 제 이름은 홍길동입니다. *Mein Name ist Hong Gil-Dong.*

  > 홍길동 dient in Korea oft als Platzhaltername wie bei uns Max Mustermann. Allerdings ist Hong Gil-Dong auch der unverwechselbare Name des koreanischen Robin Hood.

- 김수현입니다. 한국 사람입니다.

  Ein explizites Subjekt „fehlt" auch im zweiten Satz, da es als offenkundig angesehen wird. Im Prinzip kann im Koreanischen jedes Element weggelassen werden, wenn der Kontext zureichende Verständlichkeit garantiert. Auch in den Sätzen 반갑습니다 und 잘 부탁합니다 fehlt das Subjekt. Allerdings ist das deutsche „Sehr erfreut." ebenfalls ein subjektloser und trotzdem wohlgeformt-kompletter Satz.

제 이름은 안디입니다.

저 (ich) + 의 (Genitivpartikel oder „attributive Markierung") wird zu 제 verschliffen. 저 ist das höfliche, bescheidene Pronomen, während 나 in ausgeglichenen Beziehungen unter Freunden bzw. gegenüber niedriggestellteren (jüngeren) Gesprächspartnern verwendet wird.

예 저는 안디입니다. *Ich bin Andi.*

제 이름은 안디입니다. *Mein Name ist Andi.*

Achtung: In der gesprochenen Sprache wird die Genitivpartikel ‚의' gern weggelassen; wird sie doch verwendet, spricht man sie meist wie ‚에' aus. Vgl.: 우리 고양이 이름은 야옹이입니다. *Unsere Katze heißt Yaongi.* 우리 고양이 이름 ist zu verstehen als "우리 고양이**의** 이름" *der Name unserer Katze.*

Die Genitivpartikel '의' wird einfach an das zugehörige Nomen angehängt:

예 학생의 가방입니다. *Das ist die Tasche des Studenten. (Wörtl.: Des Studenten Tasche ist [das].)*

윤아는 수현의 친구예요. *Yuna ist die/eine Freundin von Suhyeon. (Yuna ist Suhyeons Freundin.)*

Q Wieso steht da die/eine? **A** Sprachen unterscheiden sich in dem, was sie sagen müssen, nicht in dem, was sie sagen können, hat mal ein berühmter Linguist gesagt. Die Deutschen müssen sich zwischen bestimmter und unbestimmter Artikel entscheiden. Was das anlangt, lassen die Koreaner die Sache dahingestellt. Funktioniert an sich auch. Erst beim Übersetzen ins Deutsche wird es ein Problem.

Die überragende Rolle der Höflichkeitsregeln, die in der koreanischen Kommunikation zu beachten sind, hat auch zur Folge, dass simple Pronomen viel seltener und viel eingeschränkter genutzt werden als z.B. im Deutschen. Auch die Neigung des Koreanischen zur Auslassung von aus dem Kontext erschließbaren Informationen trägt zur Seltenheit von Pronomen bei.

Pronomen sind oft nicht notwendig. „어디 가요?" ist völlig verständlich als „Wohin gehst du?" obwohl der Satz keinerlei „Du" enthält. „먹었어요." ist in den meisten Fällen völlig eindeutig als „Ich habe gegessen." zu verstehen, obwohl der Satz kein „Ich" enthält. Dies ist übrigens vor allem auch deshalb möglich, weil aufgrund der feinen Unterschiede in Bezug auf die Sprechstufe ohnedies meist klar ist, wer gemeint ist (bzw. gemeint sein muss).

„Gruppeneigentum" verlangt im Koreanischen nach dem Possessivpronomen „unser(e)" 우리 (strenggenommen 우리의). Es ist also, wenn man mit Familie lebt, nicht „mein Haus" (oder „meine Wohnung"), und man sagt auch nicht „meine Familie", „mein Land" oder „meine Schule", sondern **unser/e** *Haus, Wohnung, Familie, Land oder Schule: 우리 집, 우리 가족, 우리 나라, 우리 학교. Das Gleiche gilt für die Familie, es ist stets* **unser/e** *Mutter, Vater, Ehefrau, Ehemann, Tochter, Sohn: 우리 어머니, 아버지, 아내, 남편, 딸, 아들. Auch bei Geschwistern gilt dieses Konzept, allerdings interessanterweise nicht bei jüngeren, man sagt häufiger 제/내 동생 als 우리 동생.*

Themapartikel 는/은   **Grammatik / 문법**

2.1.6

제 이름은 안디입니다.

은/는 ist die Themapartikel des Koreanischen. Zur Verdeutlichung der originalen Satzstruktur bietet sich fast immer eine Übersetzung mit „was xy anbetrifft" an.

안디는 학생입니다. *Andi ist Student. (Was Andi anlangt: er ist Student.)*

저는 스위스 사람입니다. *Ich bin Schweizer. (Ich für meine Person bin Schweizer.)*

Die Alternative 은/는 ist lautharmonisch begründet: endet das Nomen auf einen Vokal, wird „는" angehängt; bei Nomen, die konsonantisch enden, lautet die Partikel „은".

 저는 한국사람입니다. 제 남편은 일본사람입니다. *Ich bin Koreanerin, mein Mann ist Japaner.*

Kopula 이다 und die Formen 입니다 und 입니까 Grammatik / 문법

2.1.7

제 이름은 안디입니다.

이다 ist das koreanische Kopulaverb.

 저는 오스트리아 사람입니다. *Ich bin Österreicher.*

Die Funktion der Kopula ist hier klar: sie setzt „Ich" und „Österreicher" gleich. Eine Kopula ist ein Wort, das dazu dient, das Subjekt eines Satzes mit einem Prädikat (einer Aussage über das Subjekt) zu verknüpfen („kopulieren"). Im Deutschen fungiert das Wort „sein" als Kopula. Das Prädikat kann ein Substantiv oder Pronomen sein, das in Beziehung zum Subjekt gesetzt wird (z.B. „*Er ist Arzt.*" „*Er ist es.*"). Im Koreanischen erfüllt diese Funktion das Wort 이다.
입니다 ist eine „finite Form" von 이다, und zwar die Form der „formellen Höflichkeitsstufe". Sie wird gegenüber Fremden, Älteren, Vorgesetzten oder bei offiziellen Anlässen und im öffentlichen Leben verwendet. Für Ausländer ist sie die unverfänglichste und am einfachsten zu handhabende Form.

Die Frageform der formellen Höflichkeitsstufe lautet 입니까.

> 당신 ist ein sehr heikles Pronomen und kann nur behelfsmäßig mit „Sie" übersetzt werden. Die Frage nach dem eigenen „Traum" bekommt man in Korea ständig gestellt. Der Beispielsatz hier ist ein Buchtitel, die Anrede „당신" ist hier vollkommen passend.

 당신의 꿈은 무엇입니까? *Was ist Ihr Traum?*

„auch" Grammatik / 문법

2.1.8

저도 한국 사람입니다.

도, „auch", wird direkt an das entsprechende Nomen angehängt.

 Ada: 파벨씨는 유학생입니까? *Sind Sie Auslandsstudent, Pawel?*
Pawel: 네, 유학생입니다. *Ja, ich bin Auslandsstudent(in).*
Ada: 그럼, 요코씨도 유학생입니까? *Und Sie, Yoko, sind Sie auch Auslandsstudentin?*
Yoko: 아니요, 저는 직원입니다. *Nein, ich bin Angestellte.*

 J: 우리 고양이 이름은 야옹이입니다. *Unsere Katze heißt Yaongi.*
K: 와우, 정말입니까? 우리 고양이 이름도 야옹이입니다. *Wirklich? Unsere Katze heißt auch Yaongi!*

> 네 kann auch eine erstaunte, ungläubige oder pikierte Rückfrage sein ("Wie bitte?")

für später

Wenn dem Nomen eigentlich (falls kein „auch" angehängt wäre) eine Themapartikel, eine Nominativpartikel oder eine Akkusativpartikel folgen müsste, entfallen diese Partikel beim Zusammentreffen mit 도 und sie werden durch 도 ersetzt. Alle anderen gegebenenfalls anzuhängenden Partikel bleiben erhalten, d.h. 도 wird nur zusätzlich angehängt.

스위스 *Schweiz*	우리 *wir. unser. mein*	남편 男便 *Ehemann*	일본 日本 *Japan*	Name+씨 *Herr/Frau …*
유학생 留學生 *Student im Auslandsstudium*		그럼 *dann; wenn dem so ist*	네 *ja*	아니요 *nein*
직원 職員 *Beschäftigter. Angestellter*	와우 *wow*	정말 *wirklich. echt*		

Folgen zwei Nomen mit angehängtem 도 aufeinander, bietet sich eine Übersetzung mit „sowohl ... als auch" an: A도 B도 오스트리아 사람입니다. Sowohl A als auch B sind Österreicher.

예 A: 저는 일본 사람입니다. 하지만 제 아내는 오스트리아 사람입니다.
Ich bin Japaner. Aber meine Frau ist Österreicherin.

B: 제 아내도 오스트리아 사람입니다. 하지만 저는 독일 사람입니다.
Auch meine Frau ist Österreicherin. Aber ich bin Deutscher.

Q „저는 일본 사람입니다" oder doch nur „일본 사람입니다"? Wann sage ich jetzt 저는, und wann brauche ich das nicht? **A** Wenn Du aufstehst, um Dich vor anderen vorzustellen, brauchst Du es nicht. Aber wenn Du im Gespräch auf Dich als „neuem Thema" zu sprechen kommst, dann schon. **Q** Was heißt „neues Thema"? **A** Stell Dir vor, Dein Gegenüber hat von sich gesprochen, und jetzt sagst Du etwas über Dich. Dann bist Du sozusagen ein neues Thema.

Übung / 연습

2.1.9

Hör und ergänze:

Über sich sprechen

Pattern / 패턴

2.2.1

제 이름은 파울입니다.
제 취미는 등산과 수영입니다.
제 직업은 공무원입니다.
제 국적은 미국입니다.

Mein Name ist Paul.

Meine Hobbies sind Bergsteigen und Schwimmen.

Mein Beruf ist Beamter.

Meine Staatsangehörigkeit ist USA.

머그컵 : Im heutigen Südkorea gehören viele Fremdwörter aus dem Englischen zum gängigen Wortschatz. Westlichen Lernern ist das willkommen (und die Eigenwilligkeiten des „Konglish" können uns auch erheitern), für Flüchtlinge aus Nordkorea ist das oft eine große Hürde.

신문 : 새(neu) 新(신) und 들을(hören) 聞(문) ergibt als Kompositum „Zeitung". Früher wurde die Zeitung ja vor allem vorgelesen, also konnte man aus der Zeitung Neuigkeiten vernehmen.

비행기 : Wer Chinesisch oder Japanisch beherrscht, tut sich beim Koreanischlernen leicht: der sino-koreanische Anteil am Wortschatz ist nämlich größer als der rein-koreanische. Viele Wörter sind allerdings gar nicht so alt, sondern wurden in der zweiten Hälfte des 19. Jahrhunderts zuerst in Japan kreiert, um westliche Begriffe zu übersetzen. In China und Korea konnte man viele dieser Begriffe leicht übernehmen, da die von den Japanern verwendeten Wortbildungselemente (chinesische Zeichen) ja bekannt waren. „Flugzeug", klarerweise so ein neues Wort, setzt sich zusammen aus 날(fliegen) 飛(비), 다닐(gehen, sich bewegen) 行(행) und 베틀(Webstuhl, allgemein: Maschine) 機(기).

하지만 *aber*　　아내 Ehefrau　　신문 新聞 *Zeitung*　　배낭 背囊 *Rucksack*　　비행기 飛行機 *Flugzeug*
머그컵 mug+cup *Tasse. Häferl. Töpfchen mit Henkel*　　주전자 酒煎子 *Wasserkocher. Kanne*　　과일 *Obst*
의자 椅子 *Sessel. Stuhl*　　꽃 *Blume*　　야채 野菜 *Gemüse*　　취미 趣味 *Hobby*　　직업 職業 *Beruf*
공무원 公務員 *Beamter. Beamte*　　국적 國籍 *Staatsangehörigkeit*　　미국 美國 *USA*

Hobbies　　　　　　　　　　　　　　　**Vokabular / 어휘**

2.2.2

음악 감상　　　　독서　　　　그림 그리기　　　　등산

　　　　　　　　　　　　　　　Übung / 연습

2.2.3

Bilde Dialoge.

* 취미는 없다 Ich habe keine Hobbies

* 취미가 없다 Ich habe keine Hobbies [Aber auch: „Ich habe keinen Bock."]

보기 A 취미는 무엇입니까? *Was sind Ihre Hobbies?*

　　　B 제 취미는 독서입니다. *Mein Hobby ist Lesen.*

SPEISMASSE

음악 감상 音樂 鑑賞　*Musik hören*	조깅 jogging　*Joggen*
독서 讀書　*Bücher lesen*	골프 golf　*Golf*
그림 그리기　*das Zeichnen, Bilder malen*	수영 水泳　*Schwimmen*
영화映畵 보기　*Filme schauen*	요리料理하기　*Kochen, Backen, Essen zubereiten*
요가 yoga　*Yoga*	
운동運動하기　*Sport treiben*	소셜미디어 social media　*Social Media*
축구 蹴球　*Fußball*	여행旅行 다니기　*Reisen*
축구 관람 蹴球 觀覽　*Fußball schauen*	컴퓨터게임 computer game　*Computerspiele*
농구 籠球　*Basketball*	사진寫眞 찍기　*Fotografieren*
스키 타기 ski 타기　*Skifahren*	친구親舊 만나기　*Freunde treffen*
수상스키 水上 + ski　*Wasserski fahren*	춤추기　*Tanzen*
태권도 跆拳道　*Taekwondo*	등산 登山　*Bergsteigen („besteigen-Berg")*
복싱 boxing　*Boxen*	

 Nominalisierung　　　　　　　　**Grammatik / 문법**

2.2.4

Q Was ist eine Nominalisierung? **A** Aus einem Verb (einem Zeitwort) oder Adjektiv (Eigenschaftswort) ein Nomen (ein Hauptwort, ein Substantiv) machen.

그림 그리기

예 그리다 *zeichnen* – 그리기 *das Zeichnen*
하다 *tun, machen* – 하기 *das Tun, das Machen*
춤(을) 추다 *tanzen [Tänze tanzen]* – 춤추기 *das Tanzen*
읽다 *lesen* – 읽기 *das Lesen*

Fragewort 무엇? **Grammatik / 문법**

2.2.5

직업이 무엇입니까? *Was ist Ihr Beruf?*

예 A: 취미가 무엇입니까? *Was sind Ihre Hobbies? Was ist Ihr Hobby?*
B: 제 취미는 독서입니다. *Mein Hobby ist Lesen.*

2.2.6

Ergänze:

A 남편 _____ 이 무엇입니까? *Wie heißt Ihr Gatte?*
B 남편 이름은 _____ 입니다. *Er heißt ...*

A _____ 이 무엇입니까? *Was ist Incheon?*
B 인천은 _____ 이름입니다. *Das ist der Name einer ...*

> 인천   도시
> 이름   김철수

 Nominativpartikel 이/가 **Grammatik / 문법**

2.2.7

직업이 무엇입니까? 취미가 무엇입니까?

2.6

Endet das Nomen vokalisch (z.B. 직업) ist die Endung 이, endet es konsonantisch (z.B. 취미) lautet die Endung 가. (Der Grund: Lautharmonie!) Zur Unterscheidung zwischen Themapartikel und Nominativpartikel s.u. Man kann dieses Suffix „Nominativpartikel", „Nominativ-Postposition" oder „Subjekt-Markierung" nennen. **Q** Ich finde, du solltest dich entscheiden. **A** Nein, just nicht, jeder soll nach seiner Fasson selig werden. **Q** Verwirrt das nicht? **A** Verwirrend wäre eher der dogmatische Ausschluss von existierenden Benennungen.

Was ist das? **Übung / 연습**

2.2.8

Bilde Sätze:

보기 이것이 무엇입니까? *Was ist das?*
이것은 …입니다. *Das ist ein/e … .*

Q Was soll diese Abwechslung zwischen 이 und 은? Zuerst 이것이, dann 이것은? Was ist da das Prinzip? **A** Dazu kommen wir noch in dieser Lektion. Du musst dich aber darauf gefasst machen, dass es ein bisschen trial-and-error brauchen wird, bis du den Bogen einigermaßen raus hast. **Q** Oje! **A** Schau, wir haben es hier mit einer natürlichen Sprache zu tun. Du wirst doch von einem Koreaner auch nicht erwarten, dass er nach vier Wochen Deutschkurs immer weiß, wann er nun den bestimmten und wann den unbestimmten Artikel gebraucht soll, oder? Und dabei kann man sich in dem Fall auch von Anfang an nicht um die Entscheidung für das eine oder für das andere herumdrücken.

도시 都市 *Stadt*   이것 *das, dieses Ding*

Partikel 과/와 („und") **Grammatik / 문법**

제 취미는 등산과 수상스키입니다.

과/와 wird nur zur Verknüpfung von Nomen wie im Beispiel verwendet. 과/와 dient (im Unterschied zu unserem universalen „und") nicht zum Aneinanderreihen von Sätzen (wofür das Koreanische andere sprachliche Mittel hat). 와 folgt auf ein vokalisch endendes Nomen, 과 auf ein konsonantisch endendes.

예 제 취미는 독서와 음악 감상입니다. *Meine Hobbies sind Lesen und Musikhören.*
수현과 윤아는 친구입니다. *Su-hyon und Yun-a sind Freunde.*

 Wer hat welche Hobbies? **Übung / 연습**

이름	취미
파울	수상스키, 독서
안디	음악감상, 여행 다니기, 춤추기
수진	사진 찍기, 조깅, 영화 보기
혜수	요가, 요리
라이너	축구 관람, 낚시, 음악 감상

보기 파울의 취미는 무엇입니까? *Was sind Pauls Hobbies?*
(파울의 취미는) 수상스키와 독서입니다. *Wasserskifahren und Lesen.*

수상스키와 독서는 누구의 취미입니까?
Wasserskifahren und Lesen sind die Hobbies von wem?
(수상스키와 독서는) 파울의 취미입니다. *Von Paul.*

> 입니다 hier wegzulassen wäre unhöflich. 파울의 취미는 (Was Pauls Hobbies anlangt) kann aber weggelassen werden, da die Referenz (worum es geht) im Dialog klar ist.

> Wörtl.: [Das] sind die Hobbies von Paul. Was W. und L. angeht, so sind das die Hobbies von Paul.

 Was passt zusammen? **Übung / 연습**

Verbinde die am besten zusammenpassenden Paare mit 와 oder 과 und sprich:

 보기 빵과 우유 / 우유와 빵 *Brot und Milch / Milch und Brot*

누구의 *wessen*   우유 牛乳 *Milch*   연필 鉛筆 *Bleistift*   빵 *Brot. Gebäck*   개 *Hund*   칫솔 *Zahnbürste*
볼펜 *Kugelschreiber*   몸 *Körper*   치약 齒藥 *Zahnpasta*   마음 *Herz. Seele. Gemüt*

Länder und Nationalitäten

2.3.1

한국   일본   오스트리아   독일

러시아   미국   영국   스위스

중국   이탈리아   스페인   프랑스

Wer gehört zusammen?

2.3.2

Finde die zusammengehörigen Landsleute. Verwende dabei 와/과 und 는/은.

랑랑   제임스   민수   조   치히로   한스   수진   앤   샐리   타케시   닝징   그레테

보기 치히로와 타케시는 일본사람입니다.   *Chihiro und Takeshi sind Japaner.*

Was sind Sie?

2.4.1

A 직업이 뭐예요? *Was ist Ihr Beruf?*   K 직업이 무엇입니까? *Was ist Ihr Beruf?*

B 대학생이에요. *Ich bin Student.*   L 경찰이에요. *Ich bin Polizist.*

러시아 *Russland*   영국 英國 *England, Grossbritannien*   중국 中國 *China*   이탈리아 *Italien*

스페인 *Spanien*   프랑스 *Frankreich*   경찰 警察 *Polizei. Polizist*

Kopula auf 이에요/예요

대학생이에요.

이에요 bzw. 예요 ist die Kopula der informellen Höflichkeitsstufe. Sie ist alltäglicher als die oft als allzu streng empfundene formelle Höflichkeitsform (입니다). „이에요" lautet die Kopula nach konsonantisch ausgehenden Nomen. „예요" lautet die Kopula nach vokalisch ausgehenden Nomen.

Die Formen der formellen und der informellen Höflichkeitsstufe wechseln sich im alltäglichen Sprachgebrauch oft ab. Das soll dich nicht unnötig irritieren.

예 학생이에요. *Ich bin Student(in).*
의사예요. *Ich bin Arzt/Ärztin.*

입니까 ist (in der formellen Höflichkeitsstufe) die Frageform der Kopula 입니다 („sein"). In der informellen Höflichkeitsstufe (이에요/예요) wird die Frage nur durch die Intonation (wie im Deutschen, also mit am Ende ansteigender Satzmelodie) markiert. Mit anderen Worten: Aussage- und Frageform sind in der informellen Höflichkeitsstufe gleich.

예 홍길동씨는 한국사람이에요. *Hong Gil-Dong ist Koreaner.*
홍길동씨가 정말 한국사람이에요? *Ist Hong Gil-Dong wirklich Koreaner?*

Im Fall von „뭐예요?" wird 무엇 (was, etwas) zu 뭐 verkürzt, was ein
^{Q&A} vokalisch endendes Nomen ergibt. Darum eben „뭐예요?" Korrekt ist
aber auch: 무엇이에요.

Q Wann und warum wird aus 무엇 „뭐"? **A** Das ist eine stilistische Frage, ungefähr so wie „is not" und „isn't". Das brauchst du nicht unbedingt aktiv beherrschen. Nimm einfach hin, dass 무엇 manchmal 뭐 wird, und dass Du in formelleren Situationen besser die unverkürzte Form 무엇 verwenden solltest.

Forme die Sätze um:

 보기 고양이입니다. = 고양이에요.

a) 제임스는 영국 사람입니까?

b) 요가와 요리는 혜수의 취미입니다.

c) 남편 이름이 김철수입니까?

d) 국적이 오스트리아입니다.

e) 직업이 공무원입니까?

f) 고양이 이름은 나비입니다.

Ordne die Übersetzungen richtig zu:

2.4.4

ㄱ) *Die Katze heißt Nabi.*
ㄴ) *Ich bin (Er/Sie ist) Österreicher. (Staatsangehörigkeit: Österreich.)*
ㄷ) *Yoga und Kochen sind die Hobbies von Hyesu.*
ㄹ) *Ist James Engländer?*
ㅁ) *Ihr Beruf ist Beamter? (Der Beruf ist Beamter?)*
ㅁ) *Der Name des Ehemanns ist Kim Cheol-Su?*

f

 Sag die Lösung:

보기 "ㄱ"은 "f" 입니다. "ㄱ" *ist (entspricht) „f".*

Ist das wirklich …?

2.4.5

보기

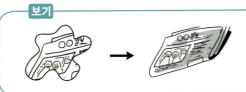

이것이 신문이에요. *Das ist eine Zeitung.*
정말 신문이에요? *Ist das wirklich eine Zeitung?*
네, 정말 신문입니다. *Ja, das ist wirklich eine Zeitung.*

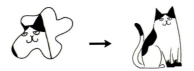   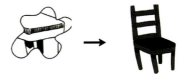

   이것이 고양이에요.

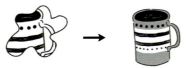   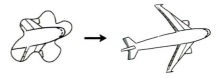

2.5.1

| 영훈 | 지영 | 성수 | 기덕 | 민재 | 지성 |

용준   민희

요리사   의사   소방관
경찰   축구선수   환경미화원
가수   주부

보기 영훈은 직업이 뭐예요? – 요리사입니다. *Was ist Yeong-Hun von Beruf? – Er ist Koch.*

Berufs

Vokabular / 어휘

2.5.2

요리사 料理師	*Koch, Köchin*	목사 牧師	*PastorIn*
소방관 消防官	*Feuerwehrmann*	신부 神父	*(katholischer) Priester*
주부 主婦	*Hausfrau*	스님	*Mönch*
엔지니어/기술자 engineer/技術者	*Ingenieur*	축구 선수 蹴球 選手	*FußballspielerIn*
		[Sportart+] 선수 選手	*Suffix für Sportler/Athleten aller Art*
회사원 會社員	*Firmenangestelle(r)*	환경미화원 環境美化員	*StraßenkehrerIn ("Umwelt–Verschö-nerungs–Bediensteter")*
교수 敎授	*ProfessorIn*		
교사 敎士	*LehrerIn*	통역사 通譯士	*DolmetscherIn*
건축가 建築家	*ArchitektIn*	점원 店員	*Verkäufer, Verkäuferin*
가수 歌手	*SängerIn*	약사 藥師	*ApothekerIn*
배우 俳優	*SchauspielerIn*	작곡가 作曲家	*KomponistIn*
대통령 大統領	*StaatspräsidentIn*	음악가 音樂家	*MusikerIn*
정치가 政治家	*PolitikerIn*	의상디자이너 衣裳+designer	*Modeschöpfer*
외교관 外交官	*DiplomatIn*		
경찰 警察	*Polizei, Polizist*	● 의사 醫師	*Arzt*
버스 운전사 bus + 運轉士	*BusfahrerIn*	● 변호사 辯護士	*Rechtsanwalt*
		● 검사 檢事	*Staatsanwalt*
미용사 美容師	*FriseurIn*	● 판사 判事	*Richter*

Apropos!

Lange Zeit war ein Klischee, dass Männer mit einem „sa"-Beruf bei Müttern mit heiratsfähigen Töchtern am beliebtesten sind. Man meinte damit aber nicht wirklich alle, sondern v.a. die vier folgenden: Arzt, Rechtsanwalt, Staatsanwalt, Richter.

Übung / 연습

2.5.3

Hör und ordne zu:

보기 폴의 직업은 무엇입니까? *Was ist der Beruf von Paul?*
[폴의직업은] 배우입니다. *[Sein Beruf ist] Schauspieler.*

이름	직업
파울	배우
페터	
수진	
미나	
라이너	

은/는 *und* 이/가

Rom wurde auch nicht an einem Tag erbaut. An der Themapartikel und an der Subjektpartikel kommt man zwar von Anfang an nicht vorbei, aber man braucht auch ein wenig Frustrationstoleranz. Denn zu wissen, wann 은/는 *und wann* 이/가 *besser am Platz ist, braucht es manchmal viel Sprachgefühl, und mitunter (das nur zum Trost) streiten sich auch die Koreaner (und die Gelehrten), was denn nun besser sei.*

Allerdings: es gibt auch viele Fälle, wo die Sache sehr eindeutig ist:

- ### Ein Subjekt, das nicht das „Gesamtthema" des Satzes ist, wird immer mit 이/가 markiert.

> *Wörtlicher: Was mich anlangt [„Gesamtthema" = ich]: meine Frau [Subjekt] ist Tschechin. / Für meinen Teil gilt: meine Frau ist Tschechin.*

저는 아내**가** 체코 사람입니다. *Meine Frau ist Tschechin.*

저는 떡**이** 싫어요. *Ich mag keinen Reiskuchen.*

> *Wörtlicher: Was mich anlangt [„ich" ist das Thema], Reiskuchen [Subjekt] ist mir verhasst.*

나는 책을 읽는 것**이** 좋아요. *Ich lese gern Bücher.*

선생님은 이것**이** 괜찮으세요? *Ist Ihnen („Herr/Frau Lehrer") das recht?*

저는 한국어 수업**이** 재미있습니다. *Was mich anbetrifft, macht der Koreanischunterricht Spaß.*

그 여자는 손**이** 작다. *Diese Frau hat kleine Hände.*

당신은 눈**이** 참 아름답습니다. „*Sie haben sehr schöne Augen."*

이 반은 학생들**이** 똑똑하다. *In dieser Klasse sind die Studenten sehr schlau. Wörtlicher: Was diese Klasse anlangt, die Studenten sind [dort] sehr schlau.*

> 개는 이가 있다. *Ein Hund hat Zähne ...*
> *Man versteht diesen Satz als Deutsch-Muttersprachler nur dann richtig, wenn man ihn wörtlicher auffasst: „Hunde, die haben Zähne." oder „Wenn wir vom Hund reden, so ist zu sagen: da gibt es Zähne." (und mit denen ist nicht zu spaßen)*
>
> „*Und der Haifisch, der hat Zähne ..." Wie sagt man das auf Koreanisch?* 상어는 이가 *[oder* 이빨이*]* 있다.

- ### In Nebensätzen kann nur 이/가 vorkommen.

나는 비**가** 오고 바람**이** 부는 날씨를 좋아합니다. *Ich mag regnerisches und windiges Wetter. / Was mich anlangt, also ich mag Tage [wörtl.: ein Wetter], an denen es regnet und ein Wind weht.*

당신**은** 오늘**이** 제 생일인 것을 알고 계십니까? *Wissen Sie, dass heute mein Geburtstag ist?*

사람들**은** 교통편**이** 좋은 아파트를 선호합니다. *Die Menschen bevorzugen Wohnungen mit guter Verkehrsanbindung.*

- ### 은/는 stellt einen Kontrast her:

선생님**은** 같이 안 가세요? *Kommen Sie nicht mit, Herr/Frau [Lehrer]? (Die anderen gehen alle mit, aber Sie nicht?)*

나**는** 설렁탕을 먹겠습니다. *Ich esse Seolleongtang. (Was immer auch die anderen bestellen, ich nehme jedenfalls Seolleongtang.)*

그럼 다녀오십시오. 저**는** 여기 있겠습니다. *Dann bis später [wörtl. gehen und kommen Sie]. Ich werde hier sein. (Sie gehen, aber ich bleibe da.)*

체코 *Tschechien*　　수업 授業 *Unterricht*　　재미있다 *Spaß machen, interessant sein*
개 *Hund, Hündin*　　이, 이빨 *Zahn*　　있다 *haben, vorhanden sein, es gibt*　　상어 *Hai*

- 이/가 *markiert ein neues, auch vom Kontext her nicht selbstverständliches Thema. Von dieser ersten Betonung an kann man auf die Themapartikel 은/는 umsteigen, womit man ausdrücklich auf das eingeführte Thema Bezug nimmt.* 이/가 *steht so gesehen für einen neuen Redegegenstand,* 은/는 *greift auf etwas bereits Erwähntes zurück. (Allerdings ist diese Definition nicht zu verallgemeinern!)*

어제 이탈리아에서 지진**이** 일어났습니다. 그 지진**은** 아주 강했습니다.
Gestern gab es in Italien ein Erdbeben. Dieses Beben war sehr stark.

국적**이** 무엇입니까? – 제 국적**은** 스페인입니다.
Was ist Ihre Nationalität? – Ich bin Spanier

직업**이** 무엇입니까? – 제 직업**은** 운동선수입니다.
Was sind Sie von Beruf? – Ich bin (Berufs-)Sportler.

생신**이** 언제입니까? – 제 생일**은** 음력 7월 18일입니다.
Wann haben Sie Geburtstag? – Mein Geburtstag ist nach dem Mondkalender am 18. Juli.

고릴라**가** 동물원에 있었습니다. 이 고릴라**는** 바나나를 아주 좋아합니다. *Der Gorilla war in einem Zoo. Dieser Gorilla mochte Bananen über alles.*

> *Wörtlich: „Meine Nationalität ist Spanien." Auch hier wird klar auf das angeschnittene Thema Bezug genommen: Die (die von Ihnen angesprochene Nationalität) ist …*

Das Subjekt muss nicht dasselbe sein, ausschlaggebend ist der Gegenstand, der in Rede steht:

직업**이** 무엇입니까? – 저**는** 운동선수입니다. *Was sind Sie von Beruf? – Ich bin (Berufs-)Sportler.*
우리집에 개**가** 한 마리 있습니다. 그 개의 이름**은** 멍멍이입니다. *Wir haben einen Hund. Sein Name ist Meongmeongi. (Wörtl.: Was den Namen dieses Hunds anlangt, der ist M.)*

- ***Zur Markierung eines Themawechsels:*** 은/는. *D.h. nach der Einleitungsfrage folgen die Anschlussfragen mit* 은/는.

성함**이** 어떻게 되십니까? 전공**은** 무엇입니까? 직업**은** 무엇입니까? *Wie heißen Sie? Und was ist Ihr Hauptfach? Und was sind Sie von Beruf?*

- ***Für die Bildung von Antithesen und für den Vergleich von zwei Dingen:*** 은/는

나는 영어**는** 하지만 불어**는** 못 한다. *Ich kann zwar Englisch, aber nicht Französisch.*
저는 춤**은** 잘 추지만 노래**는** 못 해요. *Ich tanze gut, aber singen kann ich nicht.*
여름**은** 덥고 겨울**은** 춥다. *Der Sommer ist heiß, der Winter kalt.*

- ***Wenn das Thema vom (möglicherweise auch unausgesprochenen) Kontext her nicht neu eingeführt werden muss:*** 은/는

> *Er/Sie steht dort.*

저 친구**는** 의대생입니다.
Er/Sie [„Diese/r Freund/in", diese/r Kollege/in] ist Medizinstudent/in.

> *In dieser Situation ist das Thema sehr offensichtlich, darum* 은/는.

처음 뵙겠습니다. 저**는** 베로니카라고 합니다. 저**는** 대학교 기숙사에서 살고 있습니다.
Sehr erfreut. Ich bin Veronika. Ich wohne im Studentenheim.

A: 부인**은** 일본 사람이신데 한국음식을 아주 잘 하시네요. 참 맛있습니다.
A: Ihre Frau ist Japanerin, kann aber wirklich gut Koreanisch kochen. Das Essen ist köstlich.

B: 아내**는** 한국을 좋아합니다. 그래서 한국 음식도 잘 만듭니다. *B: Meine Frau liebt Korea. Darum kocht sie auch gut Koreanisch.*

- **Für Erklärungen, Definitionen, Sprüche und Aphorismen und für Aussagen über unveränderliche und unabänderliche Tatsachen und Fakten: 은/는**

인간**은** 생각하는 동물이다. *Der Mensch ist ein denkendes Lebewesen („Tier").*
어린이**는** 우리의 미래다. *Die Kinder sind unsere Zukunft.*
한국**은** 반도다. *Korea ist eine Halbinsel.*
고릴라**는** 바나나를 좋아합니다. *Gorillas mögen Bananen.*
지구**는** 둥글다. *Die Erde ist rund.*
사람**은** 사람다워야 한다. *Der Mensch muss sich menschlich verhalten.*
여자**는** 남자의 미래다. *Woman is the Future of Man. [Titel und englischer Paralleltitel eines Films von Hong Sang-soo.]*

- **Die Fragen mit WER (누가, 어느 분 등등) werden immer mit 이/가 beantwortet:**

누가 육개장을 시켰어요? 제**가** (육개장을) 시켰어요. *Wer hat Yukkaejang bestellt? Ich!*
누가 청소합니까? 안디**가** 청소합니다. *Wer macht sauber? Andi macht sauber.*
A: 누가 입술이 빨간 여자를 좋아해? *A: Wer mag schon Frauen mit roten Lippen?*
B: 제**가** 입술이 빨간 여자를 좋아해요. *B: Ich mag Frauen mit roten Lippen.*
누가 또 기숙사에서 살고 있죠? – 제**가** 대학교 기숙사에서 살고 있습니다. *Wer hier wohnt noch im Studentenheim? – Ich wohne im Studentenheim.*

- **Mit Fragewörtern kann nur stehen: 이/가**

너는 이세상에서 누**가** 제일 보고 싶니/좋아? *Wen hast du auf dieser Welt am liebsten?*
오늘 점심식사로 뭐**가** 좋을까? *Was wäre heute als Mittagessen gut?*
어느 분**이** 프란츠 씨입니까? *Wer (von diesen Leuten) ist Franz?*

- **Das Subjekt der Aussage ist staunenswert: 이/가**

요즘은 채소값**이** 정말 비싸요! *Derzeit ist Gemüse wirklich teuer.*
전철역**이** 아주 가깝네요! *Der Bahnhof ist sehr nahe.*
캠퍼스**가** 참 크고 조용해요! *Der Campus ist echt groß und ruhig.*
고릴라**가** 바바나를 좋아하나 봐요. *Guck mal, der Gorilla da scheint auf Bananen zu stehen.*

- **Noch eine allgemeine Richtschnur: 은/는 lenkt die Aufmerksamkeit stärker auf das Prädikat, also die Satzaussage. 이/가 lenkt das Augenmerk zunächst einmal auf das Subjekt selber.**

제 아내**는** 체코 사람입니다. *Meine Frau(, also die) ist Tschechin.*
남편이 오스트리아 사람입니다. (하지만) 아내**는** 체코 사람입니다.
Der Mann ist Österreicher, die Frau (allerdings) Tschechin.
예수님을 찾으신다고요? – 내**가** 예수님입니다. *Sie sagen, Sie suchen den Herrn Jesus? – Das bin ich! (Ich bin Jesus.)*
우리 가족**은** 모두 네 식구입니다. *Meine Familie besteht aus insgesamt vier Personen.*

> Sofern kein außergewöhnliches Gewicht auf „meine" liegt, gilt hier auch im deutschen Satz der Aussagefokus dem Prädikat, also der Information über die Familie; falls aber ein eher außergewöhnlicher Akzent gesetzt werden soll („meine Familie!") könnte es auch 가족이 statt 가족은 heißen. Hier aber tritt ohnedies wieder die Regel Nummer eins in Kraft (s.o.).

A	선생님 성함이 X입니까?	A	Ist sein/ihr Name („der Name des Herrn Lehrers/der Frau Lehrerin") X?
B	네, X입니다.	B	Ja, X.
A	X 선생님은 오스트리아 사람입니까?	A	Ist Herr/Frau X Österreicher/in?
B	아니요, 독일 사람입니다.	B	Nein, er/sie ist Deutsche/r.

Berufe erfragen

Übung / 연습

2.8.1

Formuliere Fragen und Antworten wie im Beispiel. Verwende dabei 네 bzw. 아니요.

보기 A 알베르트 슈바이처가 요리사입니까? *Ist A.S. Koch?*
B 아니요, 알베르트 슈바이처는 의사입니다. *Nein, A.S. ist Arzt.*

이름	추측	사실
윤이상	요리사	작곡가
지동원	의사	
안성기	작곡가	
알베르트 슈바이처	축구선수	
임권택	영화감독	
조경란	소설작가	
김소희	정치가	
반기문	배우	
요셉 라칭거	교황	
김연아	피겨 스케이팅 선수	

Isang Yun (*1917) war ein deutscher Komponist koreanischer Abstammung.

Ji Dong-Won (*1991) spielt als Stürmer in der Premier-League für den FC Sunderland und im südkoreanischen Nationalteam.

Ahn Sung-ki (*1952) ist einer der bekanntesten koreanischen Schauspieler. Unverwechselbar: seine Stimme!

Im Kwon-taek (*1934) ist ein südkoreanischer Regisseur. Er gilt als wichtigster Vertreter des südkoreanischen Nachkriegskinos.

Jo Kyung-ran (*1969 in Seoul) ist eine südkoreanische Autorin. Sie gilt als eine der wichtigsten Vertreterinnen gegenwärtiger Literaturproduktion in Südkorea.

Ban Ki-moon (*1944) ist seit dem 1. Januar 2007 achter Generalsekretär der Vereinten Nationen. [1998-2001: Botschafter der Republik Korea in Wien]

Kim Yu-na (*1990) ist eine südkoreanische Eiskunstläuferin, die im Einzellauf startet. Sie ist die Olympiasiegerin von 2010 und die Weltmeisterin von 2009.

Kim Sohyi (*1965 in Busan) ist eine in Österreich lebende Köchin und Autorin von Kochbüchern. Sie ist in den österreichischen Medien schon lange sehr präsent und mittlerweile auch in Korea ein Star, bekannt v.a. als Jurorin, mit dem Künstlernamen „Ms. Kim Kocht" (nach dem Namen ihres Lokals hinter der Wiener Volksoper), der Reality-Kochshow „Master Chef Korea".

성함 姓銜 *der werte Name*   영화 감독 映畵 監督 *Regisseur*   소설 작가 小說 作家 *Romanautor*
소설 小說 *Roman. Novelle*   작가 作家 *Autor*   교황 敎皇 *Papst*
피겨 스케이팅 *figure skating Eiskunstlauf*

잉글랜드 사람이세요?

Sind Sie Engländer?

아니오. 스코틀랜드 사람이에요.

Nein, ich bin Schotte.

Pattern / 패턴

A	직업이 무엇입니까? / 직업이 뭐예요?
B	대학생입니다. / 대학생이에요.
A	전공은 무엇입니까? / 전공은 뭐예요?
B	한국학입니다. / 한국학이에요.

A *Was ist Ihr Beruf?*

B *Ich bin Student.*

A *Was studieren Sie? (Was ist Ihr Hauptfach?)*

B *Koreanologie.*

Übung / 연습

Bilde Dialoge nach diesem Muster:

A 꿈이 뭐예요?

B 제 꿈은 … 이에요/예요.

보기 A 꿈이 뭐예요? *Was ist dein/Ihr Traum?*

B 제 꿈은 축구선수예요. *Mein Traum wäre/ist [es,] Fußballprofi [zu sein].*

Übung / 연습

보기 A …의 전공은 무엇이에요? / … 의 전공은 뭐예요? *Was ist das Hauptfach von ...?*

B (…의 전공은) 의학이에요. *(Sein/Ihr Hauptfach ist) Medizin.*

Übe den obigen einfachen Dialog. Hör dir dazu vorher an, wer welches Hauptfach hat.

이름
파울   안디   수진
혜수   라이너

전공
의학   경제학
일본학   음악   한국학

Namen erfragen

`2.10.1`

Dramatis personae

Studienanfänger A (Andi) und
die Koreanischlektorin L

L 안녕하세요?
A 안녕하십니까? 한국사람이세요?
L 네, 한국사람입니다.
A 실례하지만, 성함이 어떻게 되십니까?
L 제 이름은 L입니다. 처음 뵙겠습니다. 이름이 뭐예요?
A 저는 안디입니다. 잘 부탁합니다.
L 반갑습니다. 그럼 또 만나요.

Regieanweisung

A und B flüstern über die Dritte C,
die außer Hörweite ist.

A C가 음대생이에요?
B 아니요, C는 의대생이에요.

Regieanweisung

K und M flüstern über den Dritten O,
der außer Hörweite ist.

K O가 한국 사람입니까?
M 네, 한국 사람입니다.
K 직업이 의사입니까?
M 아니요, 요리사입니다.

실례 : wird gebildet aus
„잃을 실 失 (verlieren)" und
„예도 예/례 禮 (Anstand)"

Sprachbetrachtung+Idiomatik   `2.10.2`

● 실례하지만 ··· 失禮하지만···
Entschuldigen Sie ... (Wörtlicher: „Ich begehe zwar eine Unhöflichkeit, aber …")

● 처음 뵙겠습니다.
Erfreut, Sie kennenzulernen. (Wörtl.: „[Ich] werde [Sie] wohl das erste Mal gesehen haben.")

● 성함이 어떻게 되십니까?
„Wie ist der werte Name?" [Zu einem Älteren oder Höhergestellten.]

● 그럼 또 만나요.
Bis zum nächsten Mal. (Wörtl.: „Dann wieder treffen [wir uns].")

음대 音大 *Musikuniversität*   음대생 音大生 *MusikstudentIn*
의대 醫大 *Medizinuniversität*   의대생 醫大生 *MedizinstudentIn*

2.10.3

 보기   저는 A입니다. *Ich heiße [wörtl.: bin] A.*

오스트리아 사람입니다. *Ich bin Österreicher.*

제 취미는 등산입니다. *Mein Hobby ist Bergsteigen.*

제 직업은 공무원입니다. *Mein Beruf ist Beamter.*

제 남자친구는 한국 사람입니다. *Mein Freund ist Koreaner.*

 Höre und trage die gesuchten Informationen in die Tabelle ein.

	국적	취미	직업	남자여자친구
A	오스트리아	등산	공무원	한국 사람
B				
C				
D				

Studienrichtungen   **Vokabular/ 어휘**

2.10.4

일본학 日本學	*Japanologie*		화학 化學	*Chemie*
중국학 中國學	*Sinologie*			*(„Wandlungen-Lehre")*
경영학 經營學	*Betriebswirtschaftslehre*		생물학 生物學	*Biologie*
경제학 經濟學	*Volkswirtschaftslehre*			*(„Leben-Dinge-Lehre")*
법학 法學	*Rechtswissenschaften*		수학 數學	*Mathematik*
건축학 建築學	*Architektur*		공학 工學	*Technik*
심리학 心理學	*Psychologie*		음악 音樂	*Musik*
	(„Herz/Gemüt-Ordnung-Lehre")		미술 美術	*Kunst*
물리학 物理學	*Physik*		의학 醫學	*Medizin*
	(„Dinge-Ordnung-Lehre")		약학 藥學	*Pharmazie*

Frageform der Kopula   **Grammatik / 문법**

2.10.5

한국 사람이세요?

Ist der Redegegenstand die angesprochene Person selber, ist die Form der Kopula nicht 이에요/예요, sondern 이세요, weil die „honorative Verbstammerweiterung" 시 als Infix eingeschoben werden muss. Es gibt in diesem Fall keinen Unterschied zwischen konsonantisch und vokalisch auslautenden Nomen.

예 ▸ 학생이세요? *Sind Sie Student?*   누구세요? *Wer sind Sie?*

의사이세요? *Sind Sie Arzt?*   어디세요? *Wo sind Sie?*

> Noch weit mehr als Deutschen ist die Frage „Wer sind Sie?" im Koreanischen eine sehr heikle; denkbar wäre eine solche Frage eventuell am Telefon oder um die Identität einer an der Tür klopfenden Person zu erfahren

In der formellen Höflichkeitsstufe lautet die entsprechende Form 이십니까.

예 ▸ 한국 사람이십니까? *Sind Sie Koreaner?*

     의사 醫師 *Arzt. Ärztin*   어디 *wo*

Faux-pas Gefahr!

Ich hab eine Frage.
Oh, hab ich was Falsches gesagt?

Dürfte ich Ihnen eine Frage stellen, bitteschön?
Ja, fragen Sie.
Es ist so…

Angemessen höflich sein ist im Koreanischen oberstes Gebot!

Wie kann man Namen erfragen?

Wann fragt man wirklich nach dem Namen? In Wahrheit sehr selten. Koreanern fällt diese Frage schwer, das Erfragen eines Namens erübrigt sich in der direkten Begegnung meistens (man nennt den eigenen Namen ohnedies, es werden Visitenkarten ausgetauscht, und man wird über Dritte miteinander bekanntgemacht …).

- **Direkt:**

실례하지만 … 이름은 무엇입니까? /이름이 뭐예요? „Was ist der Name?"
Verzeihung/Pardon/Entschuldigung, wie heißen Sie, wie ist Ihr Name?
제 이름은 …입니다. *Ich heiße … .*

Ein heikler Punkt, denn hier wird auf Koreanisch sehr fein differenziert! Passender könnte fallweise die sehr höfliche Variante mit 성함 *sein.*

성함이 어떻게 되세요/되십니까? „Wie ist der werte Name?"

- **In der Form, dass man sich eine Vermutung bestätigen lassen will:**

쉬르머 선생님이십니까?

Noch idiomatischer wäre „이시죠" *(Sie sind doch Herr [Prof./„Lehrer"] Schirmer, nicht wahr?)*

아니요. 저는 쉬르머 선생님이 아닙니다. 필리프 하스입니다. 한국학 강사입니다.

- **Den Namen eines Dritten erfragen:**

이 분은 누구입니까? *Wer ist dieser Herr/diese Dame?*

„Wer sind Sie?" 누구십니까/누구세요? *ist ein Frage, die man nicht oft stellt. (Mit einer solchen Frage würde man z.B. die Situation assoziieren, dass jemand an der Tür klopft, nicht aber z.B. die Kontaktaufnahme mit einem/r Unbekannten bei einer Party.)*

B ist jünger als C.

A B씨, 이분이 C 선생님이십니다.
Lieber B, das hier [diese Person] ist Herr C.

B 안녕하세요, B입니다(B라고 합니다). 반갑습니다.
Guten Tag, ich bin B (ich heiße B). Sehr erfreut.

C 만나서 반갑습니다.
Freut mich, Ihre Bekanntschaft zu machen.

C ist jünger als B.

A C씨, 이분이 B 선생님이십니다.
Herr C, das ist der Herr „Lehrer" B.

C 안녕하세요, C입니다(C라고 합니다) 반갑습니다.
Guten Tag, ich bin C (ich heiße C). Sehr erfreut.

B 네, 안녕하세요, 반갑습니다.
Ah, guten Tag. Sehr erfreut.

A ist der Älteste, die anderen beiden sind ungefähr gleich alt.

A B씨, 이분이 C 씨입니다. C씨, 이분이 B 씨입니다.
인사 나누세요.
Herr B, das ist Herr C. Herr C, das ist Herr B. Macht euch miteinander bekannt.

B 안녕하세요, B입니다. 반갑습니다.
Guten Tag, ich bin B (ich heiße B). Sehr erfreut.

C 네, 반갑습니다. C입니다.
Guten Tag, ich bin C (ich heiße C). Sehr erfreut.

A ist der Älteste, B der Jüngste, C altersmäßig in der Mitte.

A B씨, 이분이 C 씨입니다. 인사하세요.
Herr B, das ist Herr C. Grüßen Sie Ihn.

B 안녕하세요, B입니다. 반갑습니다.
Guten Tag, ich bin B (ich heiße B). Sehr erfreut.

C 만나서 반갑습니다.
Sehr erfreut, Ihre Bekanntschaft zu machen.

Q "Grüßen Sie"? Wer spricht denn so? **A** Das ist eben unübersetzbar. Für diese beiden Wendungen (인사 나누세요 bzw. 인사 하세요) gibt es kein echtes deutsches Pendant. Wichtig ist, dass man über dem oder den Angesprochenen stehen muss, ansonsten wäre es unhöflich.

인사하세요. *„Grüßen Sie!". „Grüß!"*   인사人事 나누세요. *„Tauschen Sie Begrüßungen aus."*
나누다 *teilen*

etwas sein oder nicht sein – etwas verneinen　Dialog / 대화

B 이순신이 음식입니까?

C 아니오! 음식이 아닙니다. 장군입니다.

B '장군'은 음료수입니까?

C 아니오, 음료수가 아닙니다! 직업입니다.

B *Ist Yi Sun-Sin etwas zum Essen?*
[Ist Yi Sun-Sin eine Speise/ein Gericht?]

C *Nein! Ein Essen ist das nicht. (Sondern) Das ist ein General.*

B *Ist General etwas zum Trinken?*
[Ist Janggun (Dschanggun) ein Getränk?]

C *Nein, das ist nichts zum Trinken. Das ist ein Beruf.*

die negative Kopula　Grammatik / 문법

음식이 아닙니다.

아니다 ist die Negation von 이다. Aber Achtung: Die Kopula 이다 wird unmittelbar an das zuge-hörige Nomen angehängt (ohne Leerzeichen dazwischen). Die negative Kopula 아니다 hingegen wird erstens abgetrennt als eigenes Wort geschrieben, zweitens muss auf das negierte Nomen die Nominativpartikel 이/가 folgen.

예 저는 스위스 사람입니다. 독일 사람이 아닙니다. *Ich bin Schweizer, kein Deutscher.*

ㄴ는 학생이 아닙니다. *L ist kein Student.*

아내입니까? – 아니오. 아내가 아닙니다. 제 여동생입니다. *Ist das Ihre Frau? –*
Nein, das ist nicht meine Frau, das ist meine jüngere Schwester.

A: 쉬르머 선생님이십니까? *Sind Sie Herr Schirmer?*

H: 아니요. 저는 쉬르머 선생님이 아닙니다. 필리프 하스입니다. 한국학 강사입니다.
Nein, ich bin nicht Herr Schirmer. Ich bin Philipp Haas. Ich bin Lektor an der Koreanologie
[„Koreanologie-Lektor"].

> Zur Erinnerung: *seonsaengnim* ist ein praktisches Universalwort. Es erspart einem die Verlegenheit, in die man hier im Deutschen, zumal in Österreich, kommt: Soll man nun Herr Professor sagen oder nur Herr?

Frage und Verneinung:

A은/는 무엇입니까? *Was ist A?*

→ A은/는 B입니다. *A ist B*　ABER　A은/는 B이/가 아닙니다. *A ist nicht B.*

예 이 분은 누구입니까? – 이 분은 문학 교수입니다. 이 분은 역사학 교수가 아닙니다. *Wer ist diese Person? –*
Das ist ein(e) Literaturprofessor(in). Das ist kein(e) Professor(in) für Geschichte.

누구십니까? – 저는 이 분의 친구입니다. 저는 이 분의 동생이 아닙니다. *Wer sind Sie? – Ich bin ein*
Freund dieser Person, nicht ihr/sein jüngere(r) Bruder/Schwester.

이것은 무엇입니까? – 이것은 나방입니다. 나비가 아닙니다. *Was ist das? – Das ist eine Motte, kein*
Schmetterling.

취미는 무엇입니까? – 제 취미는 등산입니다. 태권도가 아닙니다. *Was ist Ihr Hobby? – Mein Hobby ist*
Bergsteigen. Mit Taekwondo habe ich nichts am Hut.

Steckbriefe

2.14.1

Selbstvorstellungen anhören und Steckbriefe vervollständigen:

이름: 루드비히 비트겐슈타인
국적: ....
직업: ....
취미: ....

이름: 팔코
국적: ....
직업: ....
취미: ....

이름: 요한 슈트라우스 2세
국적: ....
직업: ....
취미: ....

이름: 박지성
국적: ....
직업: ....
취미: ....

이름: 김연아
국적: ....
직업: ....
취미: ....

이름: 반기문
국적: ....
직업: ....
취미: ....

Berühmtheiten stellen sich vor

2.14.2

철학가 哲學家 *Philosoph*　　운전運轉하기 *(das) Auto-Fahren*
데이트 *date Rendezvous, Verabredung*

Hör die Selbstvorstellungen der acht Partygäste noch einmal und füll die Tabelle aus:

`2.14.3`

이름: Franz Schubert	이름:	이름:	이름:
직업: 작곡가	직업: 화가	직업: 황후	직업: 정신분석
국적: 오스트리아 사람	국적:	국적:	국적:

이름:	이름: 신사임당	이름: 세종대왕	이름: 유관순
직업: 장군	직업: &	직업:	직업: &
국적:	국적:	국적:	국적:

> 조선 : Wörtlich „(Land der) Morgenstille (Morgenfrische)". Der Landesname in der Joseon-Zeit (1392-1910). Die Nordkorea-
> ner nennen ihr Land heute noch Joseon. Für die Südkoreaner heißt ihr Land 한국 韓國, dort ist 북한 (北 北 = Norden) die gängige
> Bezeichnung für den Norden. 남한 (남 南 = Süden) wird nur manchmal als Antonym (Gegensatzwort) zu 북한 verwendet. 한국
> ist also theoretisch die gesamte Halbinsel, die Südkoreaner meinen aber nur ihren eigenen Staat, wenn sie von 한국 sprechen.

조선 朝鮮	*Korea. Joseon*	대왕 大王	*Groß-König*
황후 皇后	*Kaiserin*	왕 王	*König*
세계주의자 世界主義者	*Weltbürger(in)*	그리고	*und*
시인 詩人	*Dichter(in)*	운동가 運動家	*Aktivist (운동 Sport, aber primär „Bewegung")*
화가 畵家	*Maler(in)*	삼일운동 三一運動	*Bewegung vom ersten Mai (1919)*
정신분석 精神分析	*Psychoanalyse*	만세! 萬歲!	*Lang lebe …! Hoch!*
작곡가 作曲家	*Komponist*	학자 學者	*Wissenschaftler, Gelehrter*

 ## Teste dich selber

Übung / 연습

`2.15`

Formuliere die passenden Fragen zu den folgenden Antworten:

a) 아니요, 한국 사람입니다.

b) 네, 의사입니다.

c) 제 취미는 등산입니다.

d) 제 직업은 공무원입니다.

Nützliche Phrasen beim Kennenlernen

안녕하십니까? (안녕하세요.) *Guten Tag!*
어디서 오셨어요? *„Von wo kommen Sie?"* (die erste Frage an einen Ausländer)
만나서 반갑습니다. *Erfreut, Sie zu treffen.*
제 이름은 프란츠 호퍼입니다. *Mein Name ist Franz Hofer.*
실례하지만, 성함이 어떻게 되십니까? *Entschuldigen Sie, wie ist der werte Name?*
저는 안나 베르크라고 합니다. *Ich bin Anna Berg.*

`2.16`

Geht man auseinander, kommt es darauf an, ob einer von beiden bleibt oder aber beide gehen.

안녕히 가세요 / 안녕히 가십시오! *Auf Wiedersehen [Zum/r Weggehenden]; wörtl. in etwa: „Gehen Sie in Frieden!"*
안녕히 계세요 / 안녕히 계십시오! *Auf Wiedersehen [Zum/r Bleibenden]; „Bleiben/Seien Sie in Frieden!"*
잘 가! *Baba! Ciao! Tschüss [Zum/r Weggehenden]; „Geh gut/wohlbehalten!"*
잘 있어! *Baba! Ciao! Tschüss [Zum/r Bleibenden]; „Bleib gut!" (Im Sinn von: „Machs gut!")*
있다 *existieren, sich befinden: aus der Sicht eines Weggehenden: (zurück)bleiben*

수와 셈

zählen und rechnen

3

am Obststand 과일상점에서   **Dialog / 대화**

3.1.1

Zur Situation

Jonny: koreanischer Obsthändler – amtlicher Name 최준이 – am Wiener Naschmarkt (zugegebenermaßen ein untypischer Beruf für einen Koreaner in Wien, aber Jonny ist eben Nonkonformist); Iris: Kundin, ansonsten Koreanologiestudentin. Iris verehrt den feschen Jonny und hat deshalb ihre Brille abgenommen, obwohl sie stark kurzsichtig ist. Natürlich kann sie jetzt die Preise nicht lesen; aber umso besser, so kann sie ein wenig mit Jonny reden und ihr Koreanisch praktizieren ...

Jonny	*Heranspaziert.*
Iris	*Guten Tag. Was kosten die Kirschen?*
Jonny	*3 Euro das halbe Kilo.*
Iris	*Und die Heidelbeeren hier?*
Jonny	*250g kosten 2 Euro. Schmecken sehr gut.*
Iris	*Aha ... Nanu, was sind denn das für Früchte?*
Jonny	*Ah, das sind Drachenfrüchte (Pitahayas).*
Iris	*Wow, die sehen wirklich kurios aus.*
Jonny	*3 Stück um 5 Euro.*

3.1.2   **Sprachbetrachtung+Idiomatik**

- 얼마예요 (얼마입니까) / 뭐예요 (무엇입니까)

2.1.7   von 얼마 (wie viel) + 이다 (sein) bzw. von 뭐 (was) + 이다(sein); 이에요 wird nach Vokal zu 예요

- 어서 오십시오!

  Schnell, kommen Sie. Funktionaler übersetzt: *Herein(spaziert)!* Oder auch nur *Guten Tag!* Am Marktstand nur aber naturgemäß eher wie oben oder: „*Nur herbei!*" „어서!" allein kann schroff und unfreundlich klingen, immer von in der Hierarchie oben nach unten gesprochen: „Rasch", „Wird's bald?" In der Verbindung mit 오십시오 (kommen Sie) ist die Wendung aber sehr respektvoll. Auf Schildern an Türen oder auch auf Fußabstreifern hat es wiederum die Funktion von „Willkommen!"

- 500g 에 3유로입니다

  wörtl.: Auf/je/für 500 Gramm sind es drei Euro.

- 아이고

3.1.8   ist eine der häufigsten koreanischen Interjektionen.

- 비싸네요.

  Um Himmelswillen, die sind aber teuer. 비싸다: teuer sein. 네요 drückt Erstaunen aus, wobei nur das 네 bedeutungstragend ist. 요 ist die Endung der informellen Höflichkeitsstufe. In familiär-vertrauter Sprache einfach 비싸네.

수 數 *Zahl*   셈 *das Rechnen*   과일 *Obst*   상점 商店 *Geschäft, Stand*   시장 市場 *Markt*   체리 *Kirsche*

얼마 *wie viel*   비싸다 *teuer sein*   블루베리 *Heidelbeere*   맛있다 *schmecken, schmackhaft sein*

어머! *Nanu! Mein Gott! (Interjektion)*   것 *Sache*   드래곤 후르츠 *Drachenfrucht (Pitahaya, Pitaya)*

신기하다 *bemerkenswert, kurios, wundersam sein*   우와 *wow, na servus*

- 이 블루베리는요?

  wörtl.: Und was diese Heidelbeeren anbetrifft? Mit „요" ist in diesem auf das Minimum beschränkten Satz der Höflichkeit Genüge getan. Weglassen könnte man die Endung unter engen Freunden, die auf gleicher Ebene miteinander kommunizieren oder wenn man „von oben nach unten" spricht. Eigentlich wird hier eine Verb-Endung direkt an ein Nomen (블루베리) angeschlossen (oder genau genommen an die Thema-Markierung 는, die diesem Nomen angehängt ist).

- 맛있습니다

  eigentlich 맛이 있습니다. Hier: Die sind lecker. *Wörtl.: Geschmack ist vorhanden. Das hat Geschmack.* Das Gegenteil: 맛이 없습니다. *Geschmack fehlt*, also: „Das schmeckt nicht gut, das schmeckt nach nichts." Vgl.: 맛이 어떻습니까? *Wie schmeckt das?*

- 그렇군요

  So ist ist das also. So was. Ach so. Von 그렇다 (so sein). 군 drückt hier (so wie 네) Erstaunen aus.

- 신기하네요

  vgl. oben zu 비싸네요

Wie kann man noch sagen?　　　　　　　　　　　　　　　　Pattern / 패턴

3.1.3

> 체리는 어떻게 파십니까?　　　　*Wie verkaufen Sie die Kirschen?*
>
> 체리는 가격이 어떻게 됩니까?　　*Wie ist der Preis der Kirschen?*

Vgl.:

> 성함이 어떻게 됩니까?　　　　　*Wie ist der werte Name?*
>
> 나이는 어떻게 됩니까?　　　　　　　　　　　　*[sehr höflich]*
>
> 연배는 어떻게 되십니까?　　　　*Wie alt sind Sie?*　*[äußerst höflich]*
>
> 연세는 어떻게 되십니까?　　　　　　　　　　　　*[äußerst höflich]*

Verb–Endung der formellen Sprechstufe　　　　　　　　　Grammatik / 문법

3.1.4

정말 맛있습니다.

~ㅂ니다/~습니다 [sprich: ~ㅁ니다/~습니다] ist die Verb-Endung der formellen (oder formal-distanzierten) Höflichkeitsstufe, die man gegenüber Lehrern, älteren Menschen und sozial wesentlich höhergestellten Personen sowie generell in formellen Situationen und im öffentlichen Leben verwendet. Sie ist die unverfänglichste Form, d.h. ein schwerer „faux pas" ist mit ihr ausgeschlossen. Auch wenn es unangemessen und lächerlich wäre, ein gewöhnliches Kind mit dieser Form anzureden: eine Beleidigung würde so etwas zumindest nicht darstellen. Da die formelle Höflichkeitsstufe recht umstandslos von der Nennform (der Wörterbuchform) abzuleiten ist, beginnt man im Sprachunterricht gern mit dieser Form.

맛 *Geschmack*　　　가격 價格 *Preis*　　　나이 *Alter*　　　연세 年歲 *Alter (honorativ)*
연배 年輩 *Alter (honorativ)*　　　되다 *werden, sein*　　　팔다 *verkaufen*

An vokalisch endende Verbstämme wird ~ㅂ니다 angehängt, an konsonantisch endende ~습니다.

Nennform des Verbs	Verbstamm	Formelle Höflichkeitsstufe
이다 (sein)	이	입니다
하다 (tun)	하	합니다
가다 (gehen)	가	갑니다
자다 (schlafen)	자	잡니다
비싸다 (teuer sein)	비싸	비쌉니다
아프다 (schmerzen)	아프	아픕니다

Nennform des Verbs	Verbstamm	Formelle Höflichkeitsstufe
반갑다 (erfreut sein)	반갑	반갑습니다
아름답다 (schön sein)	아름답	아름답습니다
씻다 (waschen)	씻	씻습니다
읽다 (lesen)	읽	읽습니다
덥다 (heiß sein)	덥	덥습니다
춥다 (kalt sein)	춥	춥습니다

3.1.5

Wortschatz / 어휘

Was passt zu den Bildern?

| 비쌉니다 | 예쁩니다 | 아픕니다 | 덥습니다 | 춥습니다 |

3.1.6

Vervollständige die Tabelle:

Nennform	있다 (vorhanden sein)	달리다 (laufen)	사다 (kaufen)	먹다 (essen)	마시다 (trinken)
formell– höflich					

Fragen (in der formellen Sprechstufe)

Grammatik / 문법

3.1.7

Mit den Endungen ~ㅂ니까? bzw. ~습니까? wird die Frageform der formellen Höflichkeitsstufe gebildet. Analog zur Aussageform (mit ~ㅂ니다 bei vokalisch endenden Verbstämmen und ~습니다 bei konsonantisch endenden) werden also vokalisch endende Verbstämme mit „~ㅂ니까?" komplettiert, konsonantisch endende mit „~습니까?". Da das Verb im Koreanischen am Satzende steht, geht die Stimme bei der Silbe „까" auch stets etwas hinauf.

Nennform des Verbs	Verbstamm	Formelle Höflichkeitsstufe
이다 (sein)	이	입니까?
싸다 (billig sein)	싸	쌉니까?
크다 (groß sein)	크	큽니까?
작다 (klein sein)	작	작습니까?
좋다 (gut sein)	좋	좋습니까?

3.1.8

아이고 *ist eine der häufigsten Interjektionen: kann ein Ausruf des Erstaunens und der Überraschung sein, aber auch der bitterernsten oder auch nur scherzhaften Klage …*

 Was ist die Bedeutung von 아이고?

①   a   Mein Gott (im Scherz, vielleicht mit einem Augenverdrehen)

②   b   Bittere Enttäuschung: der einzige Sohn will Künstler werden

③   c   Plötzlich fällt mir ein: ich habe etwas Wichtiges zu Hause liegen lassen

④   d   Echte Wehklage (im Trauerhaus)

Demonstrativa 이/그/저

Grammatik / 문법

3.1.9

이 블루베리는요?

Wollen wir im Deutschen auf etwas hinweisen, haben wir die Wahl zwischen den zwei Demonstrativa „dieses" und „jenes", oder wir sagen „das/dies hier/da" und „das dort". Das Koreanische ist bei den Demonstrativa im Prinzip dreistufig: 이 bezeichnet etwas, das nah beim Sprecher, sozusagen vor seiner Nase, ist, 그 etwas, das sich nahe beim Hörer befindet (jedenfalls näher beim Hörer als beim Sprecher), und 저 etwas, das von Hörer wie Sprecher relativ gleichermaßen ein Stück weit entfernt ist. Es geht hier also um den Grad von Nähe bzw. Distanz zum Sprecher einerseits, zum Interaktionspartner andererseits. (Allerdings ist der Unterschied zwischen 그 und 저 oft eine feine Ermessenssache!)

이건 제 쥐입니다.

Das ist meine Maus.

저건 제 쥐가 아닙니다.

Das dort ist nicht meine Maus.

Außerdem geht es bei 이/그/저 nicht immer um die physische Position (wo sich etwas befindet), sondern oft nur um einen Redegegenstand.

예 그건[= 그것은] 나도 몰라요 [= 모릅니다]. *Das [wovon die Rede war] weiß ich auch nicht.*

A: 산딸기 주스 있어요? *Haben Sie Erdbeersaft?*

B: 아니요, 그건 [그것은] 없어요 [= 없습니다]. *Leider nicht. („Nein, was das anlangt: unvorhanden.")*

rein-koreanischen Zahlen

Wortschatz / 어휘

Das Koreanische verfügt über zwei Zahlenreihen. Zum einen die rein-koreanischen Zahlen, zum anderen die sino-koreanischen Zahlen. Welche der Zahlenreihen Anwendung findet, hängt vom Zählwort ab: bei einem rein-koreanischen Zählwort wird rein-koreanisch gezählt, bei einem sino-koreanischen Zählwort zählt man sino-koreanisch.

Manchmal gibt es natürlich überhaupt kein Zählwort. Ein bloßes Abzählen oder Hinauf- oder Herunterzählen erfolgt meist rein-koreanisch. „Ich zähle jetzt bis drei! (Und wenn du bis dahin nicht ..., dann ...!)" heißt also „셋까지 세겠다!" Eine beliebte TV-Kindersendung heißt nicht von ungefähr 하나, 둘, 셋 (und nicht etwa 일, 이, 삼), wird doch bei den gängigen Kinderspielen stets rein-koreanisch gezählt, wobei Kinder ab der Zahl zwanzig allerdings gern auf die (für diesen „höherstelligen" Bereich dann doch viel geläufigeren) sino-koreanischen Zahlen umsteigen würden; d.h. es gibt einen Sprung von der einen Zahlenreihe auf die andere. Statt „열아홉 스물" geht es nach der rein-koreanischen 19 (열아홉) plötzlich sino-koreanisch mit 이십 weiter. Im Sport zählt man ebenfalls rein-koreanisch. Übrigens zählt man dort die Wiederholungen einer Übung auf eine interessante Weise. Sagen wir, die Übung besteht aus vier Schritten: 하나, 둘, 셋, 넷. Die erste Wiederholung zählt man dann 둘 둘 셋 넷, die zweite 셋 둘 셋 넷, die dritte 넷 둘 셋 넷 usw.

In der Mathematik bedient man sich immer der sino-koreanischen Zahlen. Beim Nummernansagen am Telefon ebenfalls, zur Vereindeutigung greift man allerdings auch alternativ auf die rein-koreanischen Zahlen (v.a. bei 1 und 2, da 일 und 이 am Telefon manchmal schwer auseinanderzuhalten sind, was bei 하나 und 둘 nicht der Fall ist) zurück.

쥐 *Maus* 　　모르다 *nicht wissen, nicht kennen* 　　산딸기 *Himbeere (wörtl.: „Bergerdbeere")*

주스 *juice Saft* 　　모르다 *zählen*

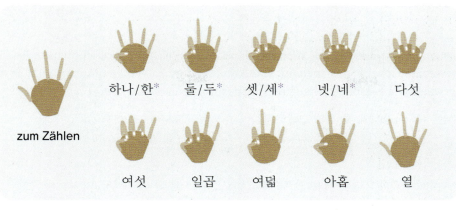

zum Zählen 하나/한* 둘/두* 셋/세* 넷/네* 다섯

여섯 일곱 여덟 아홉 열

zum Zeigen 하나 둘 셋 넷 다섯

- Selten sagt man für drei und vier auch die alten rein-koreansichen Zahlen 석 bzw. 넉. Heutzutage im Alltag nur mehr in 석 달 („drei Monate") sehr häufig. Auch 넉 달 (vier Monate) kann man noch oft hören.

* Die Zahlen von 1 bis 4 haben vor Nomen diese einsilbige „Attribut-form"
z.B. 한 살, 두 살, 세 살, 네 살

Apropos

beim Zeigen einfacher Zahlen (zum Beispiel in einem lauten Restaurant) ist der erhobene Zeigefinger die Eins, nicht etwa der Daumen.

11	17	26
열하나	열일곱	스물여섯

In der Praxis gebraucht man die höheren rein-koreanischen Zahlen weniger.
Die Zahlen von 서른 bis 아흔 finden besonders für das Alter Verwendung.

20	30	40	50	60	70	80	90
스물	서른	마흔	쉰	예순	일흔	여든	아흔

Das Alter eines Dritten erfragen

3.1.11

X 는 __세입니다.

X 는 __살입니다.

X 는 나이가 어떻게 됩니까?

X 께서는 연세가 어떻게 되십니까?

X 는 몇 살이에요?

Welche Formulierung man verwendet, hängt (grob gesagt) vom hierarchischen bzw. altersmäßigen Gefälle zwischen Sprecher, Hörer und dem in Rede stehenden Dritten ab.

몇 살이에요 = es geht um ein Kind oder einen Jugendlichen bzw. um eine Person, die entweder ganz wesentlich jünger ist als der Sprecher oder der gegenüber man bewusst wenig Respekt zeigen will

나이가 어떻게 됩니까 = es geht um eine erwachsene Person

연세가 어떻게 되십니까 = es geht um eine Person, über die höchst respektvoll gesprochen werden muss (da hierarchisch und altersmäßig weit über einem selber stehend)

됩니까?
3.1.3 Vgl. hier
"가격이 어떻게 됩니까?"
되다 ist hier sozusagen eine Honorativform von 이다

3.1.12

Bei der Antwort ist die Frage 세 oder 살, also sino-koreanisch oder rein-koreanisch die entscheidende. Das sino-koreanische 세, das auch mit sino-koreanischen Zahlen kombiniert wird, ist angemessen für erwachsene Personen (wenn über sie gesprochen wird).

예 ▶ 도유호 선생님은 나이가 어떻게 됩니까? 오십오 세입니다. *Wie alt ist Prof. Do? Fünfundfünfzig.*

3.1.13

Das Alter direkt erfragen

Wie antwortet Prof. Do auf die Frage "도유호 선생님, 연세가 어떻게 되십니까?" („Herr Do, wie alt sind Sie?")? Er antwortet nicht mit "오십오 세입니다", weil das nur in der respektvollen Rede über Dritte angemessen wäre. D.h. er lässt das in der Selbstreferenz zu honorative "세" aus und antwortet: "오십오입니다." Oder auch "쉰 다섯입니다."

Unser fiktiver Prof. Do Yu-Ho ist übrigens ein Namensvetter des ersten Koreaners, der in Wien promoviert hat (1935 im Fach Geschichte).

Beim fiktiven Prof. Do haben wir zufällig die magische 55er Marke erreicht, so will es zumindest eine Faustregel: bis 55 verwendet man die rein-koreanischen Zahlen, danach auch alternativ die sino-koreanischen. Darum müssen jüngere Koreaner durchaus auch mal nachdenken, wenn sie plötzlich 60, 70, 80 oder 90 in rein-koreanischen Zahlen sagen sollen (예순, 일흔, 여든, 아흔).

In Fällen, mit denen ohne sonderliche Respektsbezeugung gesprochen werden darf, ist in Frage und Antwort 살 die angemessene Wahl. Innerhalb einer Lernergemeinschaft von ungefähr Gleichaltrigen, die sich in ihrer Muttersprache Deutsch duzen, wäre gefühlsmäßig die folgende Form angemessen:

Q ▶ Also *so* frage ich meine Kollegen in der Klasse? **A** ▶ Genau.

Das gilt nur cum grano salis, denn zur „Halbsprache", die dem Duzen am ehesten entsprechen würde, kommen wir erst später. Zweitens gibt es kein richtiges Pendant zum Duzen, nicht vergessen! Manche zweisprachige Koreaner duzen sich auf Deutsch und sprechen aber auf Koreanisch keineswegs einfach in der „Halbsprache" miteinander!

예 ▶ 다비드, 몇 살이에요? – 스무 살입니다. *David, wie alt bist Du? – Ich bin zwanzig.*

Eine moderne Lösung, die heikle Frage nach dem Alter anders zu gestalten, ist:
몇 년도 생이에요? *Was sind Sie für ein Jahrgang?*
Das erlaubt auch eine genauere Bestimmung.

 띠 „chinesische Sternzeichen (Tierkreiszeichen)" **Übung / 연습**

3.1.14

보기 A 몇 년 생이세요? *Was für ein Jahrgang sind Sie?*
B 전 75년생이에요. *Ich bin Jahrgang 75.*
A 정말요? 그럼 토끼띠세요? *Wirklich? Dann sind Sie also ein Hase?*

쥐

A 72년생은 무슨 띠예요? *Was für ein Sternzeichen hat („ist") der Jahrgang 72?*
B 72년생은 쥐띠예요. *Der Jahrgang 72 hat („ist") die Ratte als Sternzeichen.*

1960/1972/1984

소

1961/1973/1985

호랑이

1962/1974/1986

토끼
1963/1975/1987

용

1964/1976/1988

뱀
1965/1977/1989

말

1966/1978/1990

살 *Jahr (Lebensjahr)*   나이 *Alter*   세 歲 *Jahr (Lebensjahr. honorativ)*   몇 *wie viel. wievielte(r)*
연도/년도 年度 *Jahr(gang)*   생 生 *Leben. gebären; hier: geboren werden*

Altersberechnung

Das zweite Lebensjahr fängt man in Korea an, sobald man das erste Mal das Neujahrsfest (und zwar strenggenommen das nach dem Mondkalender) erreicht hat. Ein kaum vier Wochen altes Baby könnte also „zwei Jahre alt" sein. Daher sind bei koreanischen Altersangaben ein bis zwei Jahre abzurechnen.
Beispiel: Angenommen das Geburtsdatum ist 16.8.1975. In Korea wäre nun die Antwort auf die Frage nach dem Alter im ganzen Jahr 2012 gleich, nämlich: „38". Allenfalls könnte diese Person ihr Alter im Januar 2012 noch mit 37 angeben, sofern das Mondjahr erst im Februar beginnt (was ja durchaus vorkommt).
In Österreich ist die gleiche Person aber bis zum 15.8.2012 nur 36, und am 16. August wird sie dann 37.

Problem Altersberechnung

Übung / 연습

`3.1.16`

Erfrag mit einem Übungspartner das Alter der Personen aus der Auswahl. Berücksichtigt alle für die Wahl des richtigen Ausdrucks relevanten Faktoren und berechnet das Alter nach der obigen Anleitung. Zum Namen ergänzt ihr den Beruf:

A …은/는 몇 살이에요? / 나이가 어떻게 됩니까? / … 연세가 어떻게 되십니까?

B …은/는 …살입니다. / … 세입니다.

a) offizielle Situation
b) entspannte Situation

Q Wie bitte, gibt es nur diese beiden möglichen Situationen? A Nein, aber wir könnten sowieso nicht alles durchspielen (man könnte sich allerhand knifflige Situationen ausdenken, bei denen selbst Koreaner ins Streiten kommen). Fangen wir hier mal mit Augenmaß an.

`2.8.1`

지동원 (*1991년 5월 28일) spielt als Stürmer in der Premier-
안성기 (*1952년 1월 1일) ist der bekanntesten koreanischen
임권택 (*1936년 5월 2일) ist ein südkoreanischer Regisseur.
조경란 (*1969년) ist eine südkoreanische Autorin. Sie gilt als
반기문 (*1944년 6월 13일) ist seit dem 1. Januar 2007 achter
김연아 (*1990년 9월 5일) ist eine südkoreanische Eiskunstläu

 A 지동원 축구선수는 나이가 어떻게 됩니까? *Wie alt ist der Fußballer Ji Dong-Won?*
B 지동원 선수는 스물 넷입니다. *Er ist vierundzwanzig.*

sino-koreanische Zahlen

Wortschatz / 어휘

`3.1.17`

1	일	一	✓	20	이십	二十	✓
2	이	二	✓	30	삼십	三十	
3	삼	三	✓	100	백	百	
4	사	四	✓	200	이백	二百	
5	오	五	✓	500	오백	五百	
6	육	六	✓	1000	천	千	
7	칠	七	✓	10000	일만	一萬	
8	팔	八	✓	365	삼백육십오	三百六十五	
9	구	九	✓	1988	천구백팔십팔	千九百八十八	
10	십	十	✓	2002	이천이	二千二	

양

1967/1979/1991

원숭이

1968/1980/1992

닭

1969/1981/1993

개

1970/1982/1994

돼지

1971/1983/1995

Null

Auch NULL hat zwei Varianten, allerdings sind beide sino-koreanisch (was nicht verwundern sollte, ist doch Null ein recht abstrakter Begriff; und der rein-koreanische Wortschatz deckt eher den Bereich des sinnlich Wahrnehmbaren und Alltäglichen ab): 공 *und* 영.

공(空) *und* 영(零) *sind praktisch austauschbar, nur manchmal gibt die im jeweiligen Kontext etwas bequemere Aussprache den Ausschlag für das eine oder andere.* 공 *heißt ursprünglich leer und war nicht das Wort für Null, sondern für das koreanische „Leerzeichen"* ○. *Mittlerweile aber ist es bedeutungsgleich mit* 영.

Dialogvariation

3.2.1

 Hör und setz ein:

A 어서 오십시오!

B 안녕하세요?   는 얼마입니까?

A   에   입니다.

B 아이고 비싸네요.   은요?

A   에   입니다. 정말 맛있습니다.

> 일 킬로   양파   일 유로
> 당근   일 유로   오백 그램

 Variieren wir weiter:

a) 가지 – 하나 – 50 Cent (센트)
    양배추 – 하나 – 1,20 (일 유로 이십 센트)

b) 고추 – 1kg – 5000 Won (오 천 원)
    오이 – 5 (다섯) 개 – 2500 (이 천 오 백) Won

c) 호박 – 2개 – 3000 원
    마늘 250g – 1500 원

d) 무 – 1개 – 2500 원
    토마토 – 1kg – 4000원

Auf koreanischen Märkten werden meist 근 (斤) *verlangt und abgewogen. Die Marktfrau oder der Marktmann wiegt dann 375 Gramm (bei Fleisch allerdings 600g) ab und nimmt es dabei oft, zwecks Kundenbindung, nach oben hin nicht pedantisch genau; wenn es sich anbietet – bei Äpfeln geht das natürlich nicht so leicht wie z.B. bei Erdbeeren – wird oft auch noch eine kleine Handvoll als "Bonus" draufgegeben, so dass sich der Kunde besonders geschätzt fühlt. Getreidekörner und trockene Samen werden mit dem Hohlmaß* 되 *gemessen (entspricht ungefähr 1,8 Liter). Ein* 되 *ist ein fast würfelförmiges Holzkistchen, natürlich oben offen, und steht meist mit einem schönen "Gupf" obenauf auf dem jeweiligen Maßgut. Ein schöner Anblick.*

양파	*Zwiebel*		무	*Rettich*
가지	*Melanzani (Aubergine)*		토마토	*Tomate*
마늘	*Knoblauch*		고추	*Pfefferoni*
당근	*Karotte (Möhre)*		오이	*Gurke*
양배추	*Kohl*		호박	*Kürbis*
꽃양배추	*Karfiol (Blumenkohl)*			

was passt zusammen?

하나	99	마흔다섯
열하나	11	십일
구십구	45	일
사십오	1	일흔둘
칠십이	56	예순일곱
삼십팔	67	쉰여섯
팔십일	72	서른여덟
오십육	81	여든하나
육십칠	38	아흔아홉

Zahlenbesonderheiten

칠공팔공 七空八空 *Die immer noch populäre Pop-, Balladen- und Liedermacher-Musik der 70 und 80 Jahre, die in zahllosen Anthologien und auch in eigenen Radiosendungen gespielt wird*

육삼빌딩 六三building *Das „63er Gebäude" – ein markanter, verglaster Wolkenkratzer am Ufer des Han-Flusses*

둘둘셋넷 *wenn man im Sport eine vierteilige Übung (한둘셋넷) einmal wiederholt, zählt man 둘둘셋넷 („zwei-zwei-drei-vier"); beim dritten Mal 셋둘셋넷, beim viertem Mal 넷둘셋넷 ...*

88[팔(십)팔] 만원세대 *88-Zehntausend-Won-Generation –Ursprünglich der Titel eines Buchs, das im Jahr 2007*

滿員世代 *Furore machte und die wirtschaftliche Situation von Menschen in ihren 20ern und 30ern beschrieb, die für einen Niedriglohn (eben 팔십팔만원, also 88000 Won) arbeiten*

 Hör zu und schreib die Zahlen.

1) 다섯	6)	11)
2)	7)	12)
3)	8)	13)
4)	9)	14)
5)	10)	15)

Papiergeld zählt man in Korea, indem man die Scheine gewissermaßen zu sich „blättert", – man muss es gesehen haben, darum ist es hier bildlich festgehalten:

세 개에 5유로입니다.

Das Koreanische kennt eine ganze Reihe von Zähleinheitswörtern (oder Zählwörtern), die manchmal als eigene Wortart angesehen werden. Viele ließen sich – ohne deutsche Entsprechung – behelfsmäßig mit „Stück" übersetzen, oft jedoch ist keine Übersetzung gar nötig. Manchmal würde man aber auch auf Deutsch die Zähleinheitswörter durchaus als solche wiedergeben: soundsoviele „Person(en)", soundsoviele „Blätter", soundsoviele „Flasche(n)" oder soundsoviele „Minuten". Die Zählwörter stehen immer unmittelbar nach der Zahl.

> Manche Zählwörter werden nur selten verwendet, und auch Koreaner greifen in solchen Fällen gern auf 개 zurück, das bei weitem häufigste und fast (für Personen oder Tiere eignet es sich eindeutig nicht) universal verwendbare Zähleinheitswort.

예 망고는 하나에 2유로입니다. 두 개에 3유로입니다. *Was die Mangos anlangt, da kostet eine 2 Euro, zwei kosten 3 Euro.*

우리 가족은 3명입니다: 아버지, 어머니 그리고 나. *In unserer Familie sind wir zu dritt [Was unsere Familie angeht, sind da drei Personen]: Vater, Mutter und ich.*

Was gezählt wird, kommt zuerst, dann folgt die Zahl, dann die Einheit:

예 여기 아기(가) 한 명 있어요. *Hier ist ein Kind.*

여기 꽃(이) 두 송이 있어요. *Hier sind zwei Blumen.*

여기 차(가) 세 대 있어요. *Hier sind drei Autos.*

> Im Restaurant ist die erste Frage des Kellners: "몇 분이세요?" Wie viele Personen sind Sie? Der Gast antwortet z.B.: "다섯 명이에요." Wir sind zu fünft.
>
> 분 ist sehr respektvoll, der Gast kann die eigene Gruppe aber nicht derart hochheben und spricht neutral von 명.

Einige häufige Zähleinheitswörter

개: *Stück; allgemeines und häufigstes Zähleinheitswort; im Verlegenheitsfall für alles zu verwenden (allerdings möglichst nicht für Menschen)*
> **예** 가방 *Tasche*, 빵 *Brot*, 사과 *Apfel*, 지우개 *Radiergummi*

명, 분: *für Menschen*
> **예** 사람 *Mensch*, 직원 *Arbeiter/Angestellter*, 의사 *Arzt*, 학생 *Schüler*

마리: *für Tiere*
> **예** 개 *Hund*, 고양이 *Katze*, 코끼리 *Elefant*, 닭 *Huhn*

장: *für Papierblätter und Vergleichbares*
> **예** 우표 *Briefmarke*, 종이 *Papier*, 엽서 *Postkarte*

병: *für Flaschen;* 잔: *für Gläser*
> **예** 물 *Wasser*, 차 *Tee*, 주스 *Saft*, 커피 *Kaffee*, 술 *Alkohol*, 맥주 *Bier*

켤레: *für Paare, wenn es um Bekleidung geht:*
> **예** 샌들 *Sandalen*, 구두 *Schuhe*, 신발 *Schuhe*, 운동화 *Turnschuhe*, 양말 *Socken*, 장갑 *Handschuhe*

대: *für Geräte und Maschinen:*
> **예** 자동차 *Auto*, 비행기 *Flugzeug*, 오토바이 *Motorrad*, 노트북 *Laptop*, 텔레비전 *Fernseher*

가족 家族 *Familie*   아버지 *Vater*   어머니 *Mutter*
운동화 運動靴 *Turnschuh*   자동차 自動車 *Auto*

Manche Zähleinheitswörter kombiniert man mit rein-koreanischen Zahlen, andere mit sino-koreanischen.

rein-Koreanisch	Sino-Koreanisch
한, 두, 세, 네, 다섯	일, 이, 삼, 사, 오
개 (Stück), 병 (Flasche), 잔 (Glas), 장 (Blatt), 권 (Buch), 마리 (Tier), 그릇 (Schüssel), 분 (Person ehrerbietig), 명 (Person), 시간 (Stunde), 달 (Monat), 켤레 (Paar bei Kleidung, z.B. Schuhe)	분 (Minute), 일 (Tag), 년 (Jahr), 주일 (Woche), 개월 (Monate), 원 (Won, die koreanische Währung), 층(Stockwerk), 페이지 (Seite), 쪽 (Seite), 인분 人分 (Portion)

Jeweils ein oder zwei Kombinationen passen nicht. Markiere, was falsch ist, mit einem „x":

보기

물 한 병 (　) / 한 마리 (✕) / 물 한 잔 (　)
사람 다섯 명 (　) / 오 분 (✕) / 다섯 마리 (✕)

Im Unterschied zu unserem „das Richtige ankreuzen" gilt in Korea x als Zeichen für falsch. Richtig ist „o" (wie der Buchstabe „o").

가방 아홉 명 (　) / 아홉 개 (　) / 구 개 (　)　　사진 오 개 (　) / 다섯 장 (　) / 다섯 개 (　)
장미꽃 다섯 개 (　) / 오 개 (　) / 다섯 송이 (　)　만화책 십 장 (　) / 열 권 (　) / 열 개 (　)
승용차 열 마리 (　) / 십 개 (　) / 열 대 (　)　　사과 네 병 (　) / 사 개 (　) / 네 개 (　)
밥 일 그릇 (　) / 한 병 (　) / 한 그릇 (　)　　맥주 칠 병 (　) / 일곱 병 (　) / 일곱 개 (　)
고양이 두 개 (　) / 두 마리 (　) / 이 마리 (　)　와인 일 잔 (　) / 한 병 (　) / 한 잔 (　)

Welches Zähleinheitswort passt? Trag ein und sprich:

컴퓨터　3　　　　　　　　　　와인　5
사람　5　　　　　　　　　　　친구　10
강아지　3　　　　　　　　　　사장님　2
교과서　2　　　　　　　　　　종이　8
밥　1　　　　　　　　　　　　바지　6
연필　7　　　　　　　　　　　빵　8
물　1

장미꽃 *Rose*　　승용차 乘用車 *PKW*　　밥 *Essen. gekochter Reis*　　사진 寫眞 *Foto*　　와인 *Wein*
만화책 漫畵冊 *Manga, Comicbuch*　　컴퓨터 *Computer*　　강아지 *Hündchen. Welpe*　　교과서 敎科書 *Lehrbuch*
사장님 社長님 *Firmenchef*　　N+님 *Honorativsuffix an Namen und Funktionen*　　바지 *Hose*

A *Nur herein!*
B *Guten Tag. (Schaut sich ein wenig um.) Was kostet die hier?*
A *120 Euro*
B *Huch, die ist aber teuer. Was ist dann mit der dort?*
A *Die dort kostet 35 Euro.*
B *Dann geben Sie mir doch die.*
A *Gerne.*

Sprachbetrachtung+Idiomatik

- 이건 얼마예요?

  Wörtl.: *Was die Sache anbetrifft – wie viel ist sie?*

- 120 유로입니다.

  Wörtl.: *(Sie) ist 120 Euro* Der Verkäufer ist noch eine Spur höflicher. 120 유로예요 wäre selbstverständlich auch ok. Manche finden 입니다 auch männlicher.

- 비싸네요 = 비싸요

  Das 네 hat hier in etwa die gleiche Funktion wie das „aber" im Ausruf *„Die ist aber teuer."* Die Nuance (die sprachliche Färbung) wird im Koreanischen ja meist nicht durch Partikel wie im Deutschen ausgedrückt, sondern eben durch bestimmte Endungen.

- 어머

  Soviel wie *„Huch"* oder *„Um Himmels willen!"* oder auch „Hilfe!" Ebenso wie „세상에" – wörtl.: *In der Welt!* (Gedacht ist dabei: Wie in aller Welt kann so etwas sein?) – ein Ausruf, der Frauen vorbehalten ist und von Männern allenfalls ironisch und parodistisch nachgeahmt wird.

- 그럼 저것으로 주세요.

  „Dann geben Sie mir jenes." Nicht also mit Akkusativpartikel „저것을", sondern mit der Instrumentalpartikel (으)로. 저것을 wäre zwar grammatikalisch durchaus korrekt, ist hier aber für das koreanische Sprachgefühl nur zweite Wahl. Hilfreich könnte es hier sein, an die Wendung „es mit einer Sache bewenden lassen" zu denken, um das Konzept zu verstehen, das diesem 저것으로 (wörtl.: *mit dieser Sache, durch diese Sache*) zugrundeliegt.

- 알겠습니다.

  Eine allgegenwärtige Wendung mit dem Sinn: verstanden, alles klar, geht in Ordnung, wird gemacht. Wörtl.: *„ich werde es wissen."* Eine Eselsbrücke, um die grammatikalische Form verständlicher zu machen: „Ich werde es beherzigen (mir merken)."

- ~

  das koreanische Inventar für graphische Zeichen und Emoticons ist sehr groß ... Die Tilde (~) deutet hier ein fröhliches Flöten an, wie es sich denn ja auch für einen guten Verkäufer gehört (zumal in Korea)

---

 wie viel   **Grammatik / 문법**

`3.3.3`

이것은 얼마입니까?

얼마 ist ein Fragewort und bedeutet je nach Kontext „wie viel", „wie lang", „wie sehr".

예 강아지는 한 마리에 얼마입니까? *Was kostet ein Hündchen?* [Wörtl.: „Die Hündchen, pro Tier, was kosten die?" (Eine denkbare Frage in der Tierhandlung.)]

학교에 가는 길이 얼마나 걸립니까? *Wie lange brauchen Sie zur Schule (zur Universität)?* [Wörtl.: Was den (zur) Schule gehenden Weg anlangt, wie lange dauert (er)?]

저를 얼마나 좋아하세요? *Wie gern haben Sie mich?*

> **Q** Sie mich? Sie? **A** Ja, diese Frage könnte durchaus so, also in der informellen Höflichkeitsstufe gestellt werden. Die Übersetzung mit „Sie" ist dabei mit einem Körnchen Salz zu verstehen, auch eine Übersetzung mit „Du" wäre nicht abwegig. Häufiger wird allerdings die Version in der familiär-vertrauten Sprech-stufe sein: 나를 얼마나 좋아해? (Wie gern hast Du mich?). Die gewünschte Antwort auf diese Frage lautet übrigens: 하늘만큼, 땅만큼 („wie Himmel, wie Erde"), sprich: immens gern.

Weitere Mengenbezeichnungen

그릇: *nur für Schüsseln (voll irgendwas) ...*
     예 짜장면 *Jjajangmyeon*, 밥 *gekochter Reis*, 국 *Suppe*, 우동 *Udon[g]*, 라면 *Ramen* 등등

척: *nur für Schiffe*
     예 배 *Schiff/Boot*, 요트 *Yacht*, 화물선 *Lastkahn* 등등

자루: *für Werkzeuge und Waffen, die zumindest teilweise (Griff) etwas Stangen- bzw. Stielförmiges haben*
     예 연필 *Bleistift*, 만년필 *Füllfeder*, 볼펜 *Kugelschreiber („ball-pen")*, 빗자루 *Besen*, 총 *Gewehr*, 창 *Speer*, 호미 *Sichel*, 삽 *Spaten* 등등

송이: *nur für Blumen*
     예 장미 *Rose*, 민들레 *Löwenzahn*, 튤립 *Tulpe*, 무궁화 *Hibiskus* 등등

그루: *nur für Bäume*
     예 소나무 *Kiefer*, 호두나무 *Walnussbaum*, 사과나무 *Apfelbaum* 등등

포기: *nur für Halme und Krautköpfe („Häupel")*
     예 풀 *Gras*, 벼 *Reispflanze*, 배추 *Chinakohl* 등등

알: *nur für kleine runde Früchte, Körner bzw. für Pillen*
     예 약 *Medizin*, 쌀 *(geernteter) Reis*, 옥수수 *Mais* 호두 *Nuss* 등등

얼마나 *wie viel [in etwa], wie sehr*   좋아하다 *mögen, gern haben*   학교 學校 *Schule*   걸리다 *dauern*
등등 等等 *et cetera, und so weiter*   척 隻 *Stück (Zähleinheitswort Schiffe)*   화물선 貨物船 *Frachtschiff*
연필 鉛筆 *Bleistift*   만년필 萬年筆 *Füllfeder*

Was sagt der Verkäufer (A), was sagt die Kundin (B)?

 Bring die Sätze in die richtige Reihenfolge (1, 2, …) und ordne ihnen jeweils A oder B zu.

1 / A   안녕하십니까? [잠시 둘러봅니다.]

／   어머! 비싸네요! [= 비쌉니다.] 그럼 저것은 얼마입니까?

／   그럼 저것으로 주십시오.

／   120 유로입니다.

／   그것은 35유로입니다.

／   네, 알겠습니다~

／   이것은 얼마입니까?

／   어서 오십시오!

 Spiel den Dialog mit einem Partner.

패스트푸드점에서   **Dialog / 대화**

3.4.1

Zur Situation
Nehmen wir einfach mal
an, unsere Kundin namens
A hat keine Lust, die Preis-
liste zu studieren.

A 햄버거는 얼마입니까?
B 햄버거는 2유로입니다.
A 햄버거 2개와 콜라 1병(을) 주세요.
B 여기 있습니다. 맛있게 드십시오.
A 모두 얼마입니까?
B 6 유로입니다.

A *Was kostet ein Hamburger?*
B *Ein Hamburger kostet 2 Euro.*
A *Geben Sie mir zwei Hamburger und eine Flasche Cola.*
B *Bitte sehr, guten Appetit.*
A *Was macht das alles zusammen?*
B *Das macht 6 Euro.*

패스트푸드 *Fastfood*   점 *Geschäft*   햄버거 *Hamburger*   콜라 *Cola*   주다 *geben*   여기 있습니다 *bitte sehr*
맛있게 드십시오 *Lassen Sie es sich schmecken!*   모두 *alle, insgesamt*

Akkusativpartikel

햄버거와 콜라를 주세요.

를/을 ist die Akkusativpartikel (die Akkusativmarkierung) des Koreanischen und entspricht damit dem vierten Fall im Deutschen. Endet das Nomen vokalisch, lautet die Partikel 를; endet es konsonantisch folgt 을. (Es geht also einmal mehr um Lautharmonie!)

예 브람스를 좋아하세요? *Lieben Sie Brahms?*
불고기 2인분을 주세요! *Bulgogi für zwei Personen bitte.*
커피를 마십니다. *Ich trinke Kaffee. Er/Sie trinkt Kaffee.*
고기를 좋아하십니까? – 네. 하지만 저는 생선을 싫어합니다.
Mögen Sie (Essen Sie gern) Fleisch? – Ja, aber Fisch hasse ich.
소주를 좋아하십니까? – 아니요. 저는 막걸리를 좋아합니다.
Mögen Sie Soju? – Nein, ich mag Makgeolli.

> Grammatikalisch ist dies zwar ein normales Präsens, da 마시다 ein Handlungsverb ist, wäre aber eher die Verlaufsform angebracht (커피를 마시고 있습니다 „Ich bin beim Kaffeetrinken." oder „Ich trinke gerade Kaffee."). Perfekt idiomatisch wäre der Satz 커피를 마십니다 [oder 마셔요] – ganz streng genommen – nur als Absichtserklärung, also in dem Sinne, wie man auch im Deutschen sagen kann „Ich trinke Kaffee.", wenn man vorhat, sich einen Kaffee zu genehmigen.

Bilde aus den Wortgruppen Sätze. Achte auf die Endungen.

> **보기**
>
> 저 / 막걸리/ 좋아하다 – 저는 막걸리를 좋아합니다.

 선생님 / 소주 / 마시다
고양이 / 쥐 / 먹다
학생 / 만화책 / 읽다
어머니 / 야채 / 사다
아버지 / 과일 / 싫어하다

Das Essen ist den Koreanern heilig, darum ist es wichtig, einer Respektsperson (Gast, Älterer, Vorgesetzter) nicht schlicht zu sagen, dass sie isst (먹다) oder trinkt (마시다), – weil eine solche Person nur vornehm speist (잡수시다) bzw. etwas in Würde zu sich nimmt (드시다, sowohl für essen wie trinken). Für Koreaner klingt ein Verstoß gegen diese feine Unterscheidung fast so, als würde man von "fressen" und "saufen" reden. Beispiel: 선생님 뭐 먹어요? klingt in den Ohren des angesprochen Lehrers, wenn er leicht kränkbar ist, wie "Was frisst der Herr Lehrer?" In Abwesenheit des Lehrers hätte diese Frage aber nicht von Haus aus eine so despektierliche Note.

마시다 *trinken*   고기 *Fleisch*   생선 生鮮 *Fisch*   싫어하다 *verabscheuen, hassen; Antonym zu* 좋아하다 *[mögen]*
막걸리 *Makgeolli; traditionelles alkoholisches Getränk, bekömmlich und leicht (6% Alkoholgehalt)*
소주 *Soju; koreanischer Branntwein*

햄버거와 콜라를 주세요.

~(으)세요 ist in der informellen Höflichkeitsstufe die Verb-Endung u.a. für Fragen, Bitten und höflichen Anweisungen. Bei vokalisch auslautenden Wortstämmen wird 세요 unmittelbar an den Wortstamm gehängt, bei konsonantisch auslautenden sorgt ein eingeschobenes 으 dafür, dass es zu keiner Konsonantenkollision kommt. (으)세요 ergibt sich aus der Verbindung der Höflichkeits-markierung (시) mit der Endung der informellen Höflichkeitsstufe. Manche Verben sind schon an und für sich honorativ, so dass sich in diesem Fall Kontraktionsformen ergeben: 계시다 (honorativ für „sein") wird 계세요, 잡수시다 (speisen) wird 잡수세요.

vokalisch auslautender Wortstamm	가다 (gehen)	가세요
konsonantisch auslautender Wortstamm	닫다 (schließen)	닫으세요

예 안녕히 가세요. *Auf Wiedersehen. (Aus der Warte des Dableibenden. Wörtl.: Gehen Sie in Frieden.)*

안녕히 계세요. *Auf Wiedersehen. (Aus der Warte des Gehenden. Wörtl.: Bleiben Sie in Frieden.)*
어디 가세요? *Wohin des Wegs? („Wohin gehen Sie?")*
인사하세요. *Grüßen Sie.*
어떻게 생각하세요? *Was ist Ihre Meinung? („Wie denken Sie?")*
문을 닫으세요. *Bitte schließen Sie die Tür.*
당기세요! *Ziehen!* (an der Tür, meist zweisprachig: [당기세요 PULL])
많이 드세요. *Guten Appetit. (Wörtl.: Speisen Sie viel.)*
맛있게 드세요. *Lassen Sie es sich schmecken.*
마음대로 하세요. *Machen Sie es so, wie Sie glauben. (Kann – so wie ja auch die deutsche Überset-zung – fallweise ironisch-pikiert gemeint sein.)*

Achtung

Endet der Verbstamm mit ㄹ, wird dieses im Zusammentreffen mit 으세요 geschluckt, und die anzuhängende Endung ist (weil wir nunmehr doch einen vokalisch auslautenden Wortstamm vor uns haben) 세요!

- 살다 *leben* → [nicht *살으세요*, sondern:] → 사+세요 → 사세요
- 오래 사세요! *(Als Wunsch:) Ein langes Leben! / „Leben Sie lange!"*
- 잘 먹고 잘 사세요! *Essen Sie gut und leben Sie gut. (Ein sarkastisches Lebewohl:) Auf Nimmerwie-dersehen!*
- 팔다 *verkaufen* → [nicht *팔으세요*, sondern:] → 파+세요 → 파세요
- 알다 *wissen* → 아세요
- 밀다 *drücken* → 미세요! [Aufschrift auf Türen („PUSH")]
- 벌다 *(Geld) verdienen* → 버세요
- 놀다 *(„spielen", nicht arbeiten, sich amüsieren, Spaß haben)* → 노세요
- 재미있게 노세요! *Amüsieren Sie sich! Amüsiert euch!*

문 門 *Tür*   닫다 *schließen, zumachen*   당기다 *ziehen*   밀다 *drücken*   많이 드세요! *Guten Appetit!*
많이 *viel*   드시다 *essen, trinken (honorativ)*   보다 *sehen, schauen*   열심熱心히 *fleißig, eifrig*
공부工夫하다 *lernen*   마음 *Herz, Sinn*

Das Zahlen erledigt man in Korea normalerweise nicht am Tisch. Eine typische Szene ist der rituelle Streit darum, wer die Zeche übernimmt. Getrennte Rechnung (더치페이 „dutch pay") ist in Korea nicht üblich und gilt als gefühlskalt. Wer sich nicht beteiligen will (weil er z.B. kein Geld hat oder weil er sowieso letztes Mal bezahlt hat), kann sich ja ganz umständlich die Schuhe zubinden oder sich aufs Klo verdrücken ...

bei uns üblich

in Korea

Dialog / 대화

3.5.1

Zur Situation

Der Gast (A) ist in die Kellnerin (B) verliebt und schaut die Speisekarte gar nicht an: immerhin ist die Fragerei jetzt die einzige Chance, die Stimme der Angebeteten zu hören ...

A 여기 비빔밥 있습니까?
B 네, 있습니다.
A 얼마입니까?
B 8,5 [팔 점 오] 유로입니다.
A 그럼 비빔밥과 사이다를 주세요.
B 네, 알겠습니다.

A *Haben Sie hier Bibimbab?*
B *Ja, haben wir.*
A *Was kostet es?*
B *Acht Euro fünfzig.*
A *Dann ein Bibimbab und ein Cider [Sprite] bitte.*
B *Gern.*

Sprachbetrachtung+Idiomatik   3.5.2

• 여기 비빔밥 있습니까?

Haben Sie hier Bibimbab? Noch idiomatischer als "있습니까?" wäre "됩니까?". Die Antwort darauf, entsprechend: "네, 됩니다." Die Grundbedeutung von 되다 ist, neben „werden" oder „sein", ja auch: „in Frage kommen" bzw. „möglich sein". Mit 되다 wird hier also der Charakter der höflichen Anfrage besonders betont. Vgl. auf Deutsch oder jedenfalls Österreichisch erfüllt eine solche Funktion der strenggenommen unangebrachte Konjunktiv („Herr Ober, hätten Sie auch einen Kaiserschmarrn?").

Übung / 연습

3.5.3

Variiere den Dialog (3.5.1) anhand dieser Speisekarte:

Koreanische Gerichte

짜장면 Jjajangmyeon	*Nudeln in schwarzer Sojabohnensauce*	9 유로
된장찌개 Deonjang-Jjigae	*Bohnenpaste-Eintopf*	8,5 유로
파전 Pajeon	*Pfannkuchen mit Lauch und anderen Zutaten*	8 유로
떡볶이 Tteokbokki	*Scharfes Reiskuchengericht*	11 유로
갈비 Galbi	*Rinder- oder Schweinerippchen*	10 유로
잡채 Japchae	*Glasnudeln mit Fleisch und Gemüse*	7,5 유로
짬뽕 Jjamppong	*Nudeleintopf mit Meeresfrüchten*	9 유로
불고기 Bulgogi	*gegrilltes Rindfleischgericht*	10 유로
야채 만두 野菜 饅頭 Yachae-Mandu	*Gemüse-Teigtaschen*	8 유로
미역국 Miyeokguk	*Seetangsuppe*	8 유로
삼겹살 Samgyeopsal	*am Tisch zu grillende Schweinebauchscheiben*	11 유로
냉면 冷麵 Naengmyeon	*kalte Nudelsuppe*	9 유로
부대찌개 Budae-Jjigae	*„Truppen-Eintopf"*	10 유로
비빔밥 Bibimbap	*Reis mit verschiedenen Beilagen*	8 유로
회덮밥 Hoedeopbap	*Sashimi auf scharfem Reis*	12 유로
낙지볶음 Nakji-Bokkeum	*gebratener Tintenfisch*	11유로
라면 Ramen	*scharfe Nudelsuppe*	7 유로

 im Kaufhaus

Dialog / 대화

3.6.1

┌───┐
Zur Situation
Im Kaufhaus. A ist der Kunde, B ein Verkäufer.
└───┘

A *Verzeihung. Gibt es in diesem Stockwerk Herrenanzüge?*
B *Nein, die gibt es (hier) nicht. Die Herrenbekleidung ist im dritten Stock.*
A *In welchem Stockwerk ist dann die Kinderbekleidung?*
B *Im vierten Stockwerk.*
A *Danke.*

A 실례합니다. 이 층에 남자정장이 있습니까?
B 아니요, 없습니다. 신사복은 3층에 있습니다.
A 그러면, 아동복은 몇 층에 있습니까?
B 4층에 있습니다.
A 감사합니다.

실례 失禮 합니다 *Entschuldigen Sie bitte*   감사 感謝 합니다 *Danke sehr*   정장 正裝 *Anzug*
없다 *nicht vorhanden sein*   신사복 紳士服 *Herrenbekleidung*   그러면 *dann, wenn dem so ist*
아동복 兒童服 *Kinderkleidung*

A 실례합니다. 남자정장은 어디 있습니까?
B 3층에 있습니다.

A Verzeihung. Wo sind die Herrenanzüge?
B Die sind im dritten Stock.

 „es gibt" , „es gibt nicht" 있다, 없다 **Grammatik / 문법**

3.6.2

이 층에 신사복이 있습니까?

있다 heißt „vorhanden sein", „besitzen" oder einfach „sein" im Sinn von „sich befinden":

예▶ 3층에 신사복이 있습니다. *Im 3. Stock gibt es Herrenkleidung.*
우리는 대학교에 있습니다. *Wir sind gerade auf der Uni.*
당신은 내 마음속에 있어요. *Sie sind in meinem Herzen.*
담배 있으세요? *Haben Sie eine Zigarette (für mich)?*
불 있으세요? *Haben Sie Feuer?*

Eine übliche Schnulzen-Schmachtphrase.

담배(가) 있으세요?
Die grammatikalisch richtige Nominativmarkierung 가 wäre hier sehr unnatürlich.

Q 불 있으세요? Diesen Satz verstehe ich nicht. Wenn das „Haben **Sie** Feuer?" heißen soll, wo steckt da das „Sie"? **A** Das Sie steckt – zufällig fast lautgleich – im honorativen 시, das hier zu 세 wurde. Dass jemand höflich angeredet wird, geht also nur aus dem Infix und der Situation hervor. Aber auch ohne dieses Infix könnte die Frage durchaus noch höflich genug klingen (wenn der Hörer nicht sehr weit über dem Sprecher steht): 불 있어요? Die direkte Anrede („Haben Sie …?") wäre hier aber nur aus Situation und Kontext bzw. dem Sprecherverhalten zu erschließen; theoretisch könnte dieser Satz auch heißen „Gibt es hier Feuer?" **Q** Ohne das Fragezeichen könnte das doch auch eine Aussage sein, oder? **A** Hauptausschlaggebend ist die Frage-Intonation. Auch „담배 있어요?" ist, wenn die Stimme am Ende hinaufgeht, klar als Anrede erkennbar. **Q** Und wer ist dann gemeint, so ganz ohne Pronomen? **A** Bei der bloßen Aussage „담배 있어요." ist ohne Kontext nicht zu entscheiden, ob dem im Deutschen „Ich habe Zigaretten." oder „Er/Sie hat Zigaretten." oder „Wir haben Zigaretten." oder „Sie/Die haben Zigaretten." oder aber „Es gibt Zigaretten." entspricht.

Die Kopula 이다 ist für Gleichsetzungen da: Etwas ist das-und-das. Bei 있다 geht es um den Ort, wo sich etwas befindet. Oder es geht überhaupt um die Existenz, das Vorhandensein. Auf Deutsch wird das Entsprechende meist mit „es gibt …" ausgedrückt oder aber mit „haben" (im Sinn von besitzen). Dementsprechend hat 있다 auch ein eigenes Gegensatzwort, nämlich 없다.

예▶ 질문(이) 있어요. *Ich habe eine Frage.*
문제 없어요. *Kein Problem.*
시간이 없습니다. *Ich habe keine Zeit.*
재미 있어요. *Das ist interessant/lustig.*
오늘 수업이 없습니다. *Heute habe ich keinen Unterricht.*
손님이 없습니다. *Es gibt keine Gäste. (Z.B. im Sinn von: „Wir haben keinen einzigen Gast.")*
있어, 없어? *Hast du's oder hast du's nicht?*

담배 *Zigarette* 　불 *Feuer* 　대학교 大學校 *Universität* 　당신 當身 *Sie, du* 2.1.7
속 *innen, inmitten* 　질문 質問 *Frage* 　문제 問題 *Problem, Aufgabe* 　오늘 *heute*

있습니다/있어요 oder 입니다/이에요

Übung / 연습

3.6.3

Setze 있습니다/있어요 oder 입니다/이에요 ein:

저는 남자친구가 _____ . 이 사람이 제 남자친구 _____ .

이 식당은 주인이 한국사람 _____ . 한국 음식은 다 _____ .

우리 집에는 개가 한 마리 _____ . 이름은 멍멍이 _____ .

여기 책이 두 권 _____ . 우리 아버지의 책 _____ .

이분이 경찰 _____ . 총이 _____ .

질문이 _____ . 개인적인 질문 _____ .

sein & haben

„남자친구입니다" *vs.* „남자친구(가) 있습니다": ***Was ist der Unterschied?***

* Salopp wird 남자친구 gern zu 남친 abgekürzt, 여자친구 zu 여친.

남자친구입니다: *Die Situation könnte z.B. so sein: zwei Frauen stehen beisammen, und nun kommt der Freund der einen hinzu und teilt gutgelaunt mit „Ich bin der Freund!". Oder der Freund sagt nichts, aber die Freundin sagt nun über ihn:* 제 남자친구입니다 *(oder* 제 남자친구예요*): „Das ist mein Freund."*

남자친구(가) 있습니다: *„Ich habe einen Freund." oder „Sie hat einen Freund."*

Pattern / 패턴

3.6.4

쥐이십니까? (Sind Sie eine Maus/Ratte?) ist für Koreaner ein viel lächerlicherer Satz, als uns das die deutsche Übersetzung verrät. Mit den Höflichkeitsgeboten ist nämlich nicht zu spaßen, ein unernster Gebrauch nicht vorgesehen; und zwischen Mensch und Tier, aber auch Menschen und Dingen ist tendenziell eine schärfere Trennlinie gezogen. Die anthropomorphisierte, vermenschlichte Maus/Ratte in den Fabeln hat darum auch einen eigenen Namen: 서생원(鼠生員). Konventioneller wäre also: 서생원이십니까? (Sind Sie Herr/Meister Ratte?)

이것은 제 쥐입니다.	*Das ist meine Maus.*
이것은 쥐입니다.	*Das ist eine Maus.*
나는 쥐입니다.	*Ich bin eine Maus.*
이것은 쥐입니까?	*Ist das eine Maus?*

나에게는 쥐가 있습니다.	*Ich habe eine Maus. / Es gibt (hier) eine Maus.*
나에게는 쥐가 없습니다.	*Ich habe keine Maus. / Es gibt (hier) keine Maus.*
당신에게는 쥐가 있습니까?	*Haben Sie eine Maus? / Gibt es (hier) eine Maus?*
당신에게는 쥐가 없습니까?	*Haben Sie keine Maus? / Gibt es (hier) keine Maus?*

쥐입니까?

쥐입니다.

Schalt um! Von der einen Sprachstufe zur anderen:

제 쥐입니다 = 제 쥐예요	쥐가 있습니다 = 쥐가 있어요
제 가방입니다 = 제 가방이에요	쥐가 없습니다 = 쥐가 없어요
쥐입니까? = 쥐예요?	쥐가 있습니까? = 쥐 있어요? / 쥐 있으세요?
쥐이십니까? = 쥐(이)세요?	쥐가 없습니까? = 쥐 없어요? / 쥐 없으세요?

남자친구 男子親舊 *Freund (engl. boyfriend)*   집 *Haus*   총 *Gewehr. Pistole. Revolver*

개인 個人 *Individuum*   개인적 個人的이다 *privat sein (Adj.)*

Zähleinheitswörter

Übung / 연습

보기   여기   사람이   1(한) 명   있어요.   *Hier ist 1(ein) Mensch.*

Q Diese Zählwörter krieg ich nie auf die Reihe! **A** Zählwörter merkt man sich exemplarisch. Das heißt, irgendwann hast du z.B. „물 한 잔" einfach so wie eine feste Verbindung im Kopf. Wenn du dann mal angesichts von neun Gläsern überlegen musst, ob 아홉 oder 구 richtig ist, wird dir „물 한 잔" einfallen und du weißt: aja, rein-koreanisch.

여기	2 ( )	있어요.
여기	3 ( )	있어요.
여기	4 ( )	있어요.
여기	5 ( )	있어요.
여기	6 ( )	있어요.
여기	7 ( )	있어요.

없다

Grammatik / 문법

3.6.6

저는 선물이 없어요.

없다 ist die Negation von 있다 (vorhanden sein). Das Verb „없다" bezeichnet also die Abwesenheit und das Fehlen von etwas.

예 A: 5유로 있습니까? *Haben Sie 5 Euro?*
B: 아니요, 없습니다. *Nein, habe ich nicht.*

A: 슈테판은 어디에 있습니까? *Wo ist Stefan?*
B: 모르겠습니다. 여기는 없습니다. *Ich habe keine Ahnung. Hier ist er nicht.*

있어 없어? *Hast du's oder hast du's nicht?*

„… 있으세요?"
Mit dem Infix 시 ist die
direkte Anrede markiert:
Haben Sie …?

„… 있어요?"
klingt demgegenüber eher
nach „Gibt es hier …?"

Höflicher und damit emp-
fehlenswerter ist daher
„… 있으세요?"

 양파 있어요/있으세요? – 네, 있어요.
Haben Sie Zwiebel? – Ja, haben wir (habe ich).
토마토 있어요/있으세요? – 아뇨, 토마토는
없어요.
*Haben Sie Tomaten? – Nein, Tomaten haben
wir (habe ich) nicht.*

 Frag, ob es diese Obst- und Gemüsesorten im Geschäft gibt:

토마토	Tomate[n]		꽃양배추	Blumenkohl [Karfiol]
사과	Apfel [Äpfel]		고추	Pfefferoni
가지	Melanzani		드래곤 후르츠	Drachenfrucht [–früchte]
체리	Kirsche[n]			

블루베리	Heidelbeere[n]
마늘	Knoblauch
당근	Karotte[n]
양배추	Kohl
딸기	Erdbeere[n]

 lokale Postposition 에 　　　　　　　　　　　**Grammatik / 문법**

3.6.8

이 층에 신사복이 있습니까?

Die Funktion der Präpositionen im Deutschen wird im Koreanischen oft von
Postpositionen wahrgenommen. Mit der lokalen Postposition 에 wird ein Ort
z.B. als Platz gekennzeichnet, an dem sich etwas/jemand befindet.

예 한국은 동아시아에 있습니다. *Korea liegt in Ostasien.*
전주는 전라북도에 있습니다. *Jeonju liegt in der Jeolla-Nordprovinz.*
저(는) 아직 회사에 있어요. – 빨리 오세요! *Ich bin immer noch in der Firma. –
Komm bald!*
아이들이 밖에 있습니다. *Die Kinder sind draußen.*
교수님 연구실에는 외국 서적이 많다. *Im Büro des Professors gibt es viele aus-
ländische (fremdsprachige) Bücher.*

Höflichkeitsformen zu übersetzen ist immer schwierig.
Hier handelt es sich um ein
Gespräch zwischen jünge-
ren Eheleuten (bei älteren
könnte es eine Asymmetrie
geben, also dass der Mann
„hinunter", die Frau „hinauf" spricht …).

약국 藥局 *Apotheke*	동아시아 *Ostasien*	전라북도 全羅北道 *Jeolla-Nordprovinz (Verwaltungseinheit von Korea)*
아직 *noch (manchmal: noch nicht)*	회사 會社 *Firma*	빨리 *schnell*	오다 *kommen*	아이 *Kind*
N+들 *Suffix zur Pluralbildung*	밖 *draußen, außen*	연구실 研究室 *Forschungszimmer. Studierzimmer*
		외국 外國 *Ausland*	서적 書籍 *Lektüre*

„Wo ist die Koreanologie?"

Dialog / 대화

`3.6.9`

Setze die fehlenden Wörter und Endungen ein.

A 한국학과가   있어요?

B Campus, Hof 5에 있습니다.

A 일 층   있어요?

B 아닙니다. 일 층에   도서관 있습니다. 이 층   한국학과 있습니다.

A 학생   몇 명 있어요?

B 요즘음 150   있습니다.

A 와, 150명이요? 대단하네요.   개의 과목이 있어요?

                        Q&A

B 약 20   있습니다.

A 한국어 수업   재미있어요?

B   , 우리는 지금 제 3과를 합니다. 숫자   배웁니다.

> 몇 이
> 를 에
> 는 에
> 어디
> 에는 네
> 명
> 개 이

Q „몇 개의 과목?" Das ist mir zu hoch! **A** Wörtlich heißt das: „wie vieler Dinge Fächer", also letztlich einfach: „wieviele Fächer"

„Wo gibt's was im Kaufhaus?"

Übung / 연습

`3.6.10`

Bilde Kurzdialoge wie in den Mustern unten:

보기 고객 구두는 몇 층에 있습니까?
       점원 구두는 4층에 있습니다.

Kunde irrt im 6. Stock herum.

고객 실례합니다. 이 층에 구두가 있습니까?
점원 아니요, 없습니다. 4층에 있습니다.

구두	Lederschuhe
카페 *fr. Café*	Café, Kaffeehaus
가구 家具	Möbelstück, Möbel
부엌	Küche
용품 用品	Gebrauchsgegenstand
여성복 女性服	Damenbekleidung
남성복 男性服	Herrenbekleidung
보석 寶石	Edelstein
향수 香水	Parfüm
식품 食品	Nahrungsmittel
코너 *corner*	Ecke
푸드코트 *food court*	Essensmarkt
주차장 駐車場	Parkplatz

카페   7
가구/부엌용품   6
아동복   5
가방, 구두   4
여성복   3
남성복   2
보석, 향수   1
식품코너/푸드코트   B1
주차장   B2

한국학과 韓國學課 *Koreanologieinstitut*   도서관 圖書館 *Bibliothek*   요즘음 *derzeit, zur Zeit*
대단하다 *beeindruckend sein. imponieren*   과목 科目 *(Unterrichts-) Fach*   약 *ungefähr*   지금 *jetzt*
제 3과 第 3課 *dritte Lektion*   숫자 數字 *Zahl*   배우다 *lernen*

Feste Wendungen: einkaufen **Pattern / 패턴**

어서 오십시오.	*Hereinspaziert. [Die gängige Begrüßung in einem Geschäft]*
뭘 드릴까요?	*Was darf es sein. Wörtl.: Was darf [ich Ihnen] geben?*
무엇을 드시겠습니까?	*Was speisen Sie?*
이것 주세요.	*Geben Sie mir das.*
얼마입니까/얼마예요?	*Was macht es aus?*
계산해 주세요.	*Die Rechnung bitte. [Wörtl.: Berechnen Sie bitte.]*

 lesen und hören **Übung / 연습**

 Hör gut zu und setz ein:

A B 씨, 이 새를 한국말로 뭐라고 합니까?

B ＿＿＿＿＿＿ 입니다.

A 아, 그렇군요. ＿＿＿＿＿＿ ... 그럼 저 새는요?

B 저 새는 ＿＿＿＿＿＿ 라고 합니다.

A 아하, ＿＿＿＿＿＿!

B A 씨, 저기도 새가 있습니다.

A 어떤 새요? 어디에 또 새가 있습니까?

B 잔디밭에 있습니다. 저 새는 ＿＿＿＿＿＿ 라고 합니다.

A 그래요! ＿＿＿＿＿, ＿＿＿＿＿, ＿＿＿＿＿ ... B 씨! 이걸 보세요. 누가 새를 찾습니다. Papagei를 찾습니다! Papagei는 한국말로 뭐라고 합니까?

B ＿＿＿＿＿＿ 라고 합니다. 와. 보상금이 100유로입니다!

A 우와!

비둘기 *Taube*	참새 *Spatz*	까마귀 *Rabe, Krähe*	앵무새 *Papagei*

새 *Vogel*	한국말 *Koreanisch*	저기 *dort, dort drüben*	어떤 *welcher, was für ein*
잔디밭 *Wiese, Rasen*	또 *noch, außerdem*	누가 *jemand (Nominativ)*	찾다 *suchen, finden*
	보상 補償 *Belohnung, Entschädigung*	금 金 *Gold, Betrag*	

이 새를 한국말로 뭐라고 합니까?

~을/를 한국말로 뭐라고 합니까? ist die wichtigste Wendung, um nach der Benennung für bestimmte Dinge zu fragen. Statt 합니까 kann man auch 부릅니까 (von 부르다 rufen, nennen) sagen, aber das Universalwort 하다 ist idiomatischer.

예▶ 이/그/저것을 한국말로 뭐라고 합니까? *Wie sagt man zu/für das hier/dort auf Koreanisch?*

이 물건을			dieses Ding	
이 색깔을			diese Farbe	
그 동물을	한국말로 뭐라고 합니까?	Wie nennt man	das Tier da	auf Koreanisch?
그 꽃을			die Blume da	
저 식물을			die Pflanze dort	
저 나무를			den Baum dort	

예▶ 이 과일을 한국말로 뭐라고 합니까? – '사과'라고 합니다. *Wie nennt man diese Frucht auf Koreanisch?*
– Man nennt sie Apfel.

Variation

Übung / 연습

3.7.3

Mit Ausdruck und Gefühl das kleine Dramolett nachspielen:

고슴도치 *Igel*   토끼 *Hase, Kaninchen*

Man rümpfe nicht die Nase. Dies hier ist ein sehr beliebtes koreanisches Spiel, und wer es kennt, darf sich in Sachen kultureller Kompetenz einen Pluspunkt gutschreiben.

Spielerzahl: 2 und mehr.
Was man braucht: jeder Spieler – natürlich geschlechtsneutral! also auch jede Spielerin – braucht seine/ihre zwei Fäuste 주먹, mit den Daumen 엄지손가락 beweglich obenauf (und nicht etwa in der Faust eingeschlossen).
Hier haben wir die Ausgangsposition bei drei Spielern:

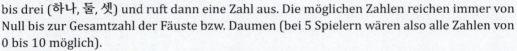

Der Spieler, der an Reihe ist (auf Koreanisch heißt so ein Spieler immer *sullae* 술래, egal ob Blinde Kuh oder Schwarzer Mann) zählt bis drei (하나, 둘, 셋) und ruft dann eine Zahl aus. Die möglichen Zahlen reichen immer von Null bis zur Gesamtzahl der Fäuste bzw. Daumen (bei 5 Spielern wären also alle Zahlen von 0 bis 10 möglich).
Im Moment, wenn der *sullae* die Zahl ausruft, müssen die Spieler entscheiden: entweder beide Daumen unten lassen (entspricht einer Null), einen Daumen hinaufschnellen lassen oder beide (entspricht also einer Eins oder einer Zwei).

Stimmt die Zahl der Daumen mit der Zahl überein, die ausgerufen wurde, hat der/die *sullae* gewonnen.

Er darf nun triumphieren und seine „Belohnung" genießen. Traditionell ist das meistens ein harmloser sadistischer Akt, der an den anderen Spielern verübt wird. Der *sullae* führt dazu mit Zeige- und Mittelfinger seiner rechten Hand einen Schlag auf den Unterarm (genauer gesagt auf die Innenseite nahe beim Handgelenk bzw. regelrecht auf den Puls) jedes Verlierers aus, wobei die Schlagfinger gern theatralisch angehaucht werden. Gern wird sogar mit der ausgerufenen Zahl multipliziert, so dass eine recht hohe Zahl an Schlägen zustandekommt. Aber natürlich ist das alles eine Sache der vor Spielbeginn getroffenen Vereinbarung. Der siegreiche *sullae* darf jedenfalls nun weiter *sullae* sein. Je größer die Anzahl der Spieler, umso unwahrscheinlicher ist aber eine „Serie".

Q Der *sullae* da auf dem Bild sagt 삼. Werden denn beim Ausrufen die sinokoreanischen Zahlen benutzt? Und das, obwohl zuerst 하나, 둘, 셋 gezählt wurde? **A** Das kann die Spielergemeinschaft halten, wie sie will, und die könnte z.B. meinen, dass 셋 und 넷 in der Hitze des Gefechts allzu leicht verwechselt werden könnten (so wie ja auch 일 und 이). Manchmal wird ja sogar innerhalb der Zahlenreihen umgeschaltet, um Mißverständnisse auszuschließen. 하나 둘 삼 넷 오 여섯 칠 팔 아홉 공 ist z.B. die Zahlenreihe, mit der man sich bei der koreanischen Artillerie verständigt, damit im Schlachtenlärm weniger Hörfehler passieren. **Q** 공? Null? **A** Ja, das steht dann für Zehn.

4

시간
Zeit

sich nach der Uhrzeit erkundigen **Dialog / 대화**

4.1.1

Zur Situation

Die mitunter etwas verschlafene Auslandsstudentin Cho Ara (A) und die stets frisch-
und-muntere Koreanologiestudentin Barbara
Vierthaler (B), die sich im Lateinkurs kennen-
gelernt haben. Eine Zwischenprüfung steht an.

A *Um wieviel Uhr beginnt die Prüfung?*
B *Sie beginnt um Viertel nach drei.*
A *Und wie lange dauert sie?*
B *Bis 16 Uhr 50. Die Prüfung fängt um Viertel nach
drei an und endet um zehn vor fünf.*
A *Danke. Und wie spät ist es jetzt?*
B *Es ist jetzt fünf vor drei.*
A *Du liebes bisschen, schon [so spät]? Danke.*

4.1.2 **Sprachbetrachtung+Idiomatik**

- 오늘(의) 시험

  die heutige Prüfung; *wörtl.: die Prüfung
  von heute / des heutigen Tages*

- 3시 15분에 시작합니다.

  [Sie] beginnt um 15 Uhr 15. Auf Deutsch wäre die Antwort „Um 15 Uhr 15" am idiomatischsten, auf Koreanisch klingt die Wiederholung des Verbs („beginnen") weniger umständlich als für uns.

- 그럼

  Dann/wenn das so ist Das einleitende 그럼 vermittelt hier die nun folgende Frage mit der soeben erhaltenen
  Auskunft. 그럼 verlangt keine syntaktische Vermittlung mit dem Rest des Satzes.

- 몇 시까지 봅니까?

  Wie lange dauert die Prüfung? Wörtl.: *Bis zu welcher Zeit sieht man [die Prüfung]?*

- 시험(을) 보다

  eine Prüfung machen (ein Examen schreiben oder eine mündliche Prüfung ablegen); von 보다 sehen. Für
  „eine Prüfung machen" auch: 시험을 치다; von 치다 (Grundbedeutung: schlagen).

- 어머, 벌써요?

  Du meine Güte, ist es schon [so spät]. An 벌써 (schon, bereits) ist hier die Verb-Endung der informellen Höflichkeitsstufe angehängt, also 요. Nur „벌써" alleine würde in der „Halbsprache" genügen, ansonsten wäre
  ein solches Sprechen ohne Endung aber unhöflich. Zahlreiche Ein-Wort-Sätze im Koreanischen funktionie-
  ren nach diesem Muster: „왜요?" (Warum?) , „어디요?" (Wo? Wo denn?) , „저요." (Ich bin's.) 어머, 벌써요? hat
  übrigens einen eher weiblichen Klang. Ein Mann würde sich in einem Gespräch dieser Sprechstufe eher
  anders ausdrücken, z.B.: 아니, 벌써 그렇습니까? Also etwa: „Aber nein, ist es schon so[weit]?" (그렇다 = so sein)

오늘 *heute*   시험 試驗 *Test. Prüfung*   시 時 *Uhr (Zeit)*   에 *um. an. in (Suffix für Zeitangaben)*
시작始作하다 *anfangen, beginnen*   분 分 *Minute*   N~까지 *bis*   시험試驗을 보다 *Test haben. Prüfung ablegen*
N~부터 *seit. von (zeitlich)*   전 前 *vor*   벌써 *schon, bereits*

(verborgener) Genitiv **Grammatik / 문법**

4.1.3

오늘 시험은 몇 시에 시작합니까? *Wann beginnt die Prüfung heute?*

2.1.5

Grammatikalisch wird der „gedachte" Genitiv nicht immer markiert. Oft werden Nomen „aneinandergereiht", wobei das vordere Nomen das hintere bestimmt.

예 이 음식점(의) 냉면(의) 맛이 어떻습니까? – 이 집(의) 냉면(의) 맛이 아주 좋습니다. *Wie sind die kalten Nudeln in diesem Restaurant (Wie ist der Geschmack der kalten Nudeln dieses Restaurants)? – In diesem Restaurant schmecken sie sehr gut (ist der Geschmack der kalten Nudeln sehr gut).*
여기가 제 남동생(의) 방입니다. 저기가 제 방입니다. *Das ist das Zimmer meines kleinen Bruders. Dort ist mein Zimmer.*
베르거 씨(의) 고향이 어디입니까? – 그 분(의) 고향은 그라츠입니다. *Wo ist die Heimat von Herrn Berger? – Seine Heimat ist Graz.*
제 삼촌(의) 직업은 교사입니다. *Der Beruf meines Onkels ist Lehrer.*

가나다 **Uhrzeiten** **Vokabular/ 어휘**

4.1.4

한 시 오 분

한 시 십 분

한 시 십오 분

한 시 이십 분

한 시 이십오 분

한 시 삼십 분

한 시 삼십오 분

한 시 사십 분

한 시 사십오 분
(두 시 십오 분 전)

한 시 오십 분
(두 시 십 분 전)

한 시 오십오 분
(두 시 오 분 전)

음식점 飲食店 *Restaurant*   어떻다 *wie sein*   아주 *sehr*   남동생 男同生 *jüngerer Bruder*
방 房 *Zimmer*   당신 當身 *du, Sie*   고향 故鄕 *Heimat*   여자친구 女子 親舊 *Freundin (engl. girlfriend)*
키가 크다 *groß sein (z.B. für Menschen)*

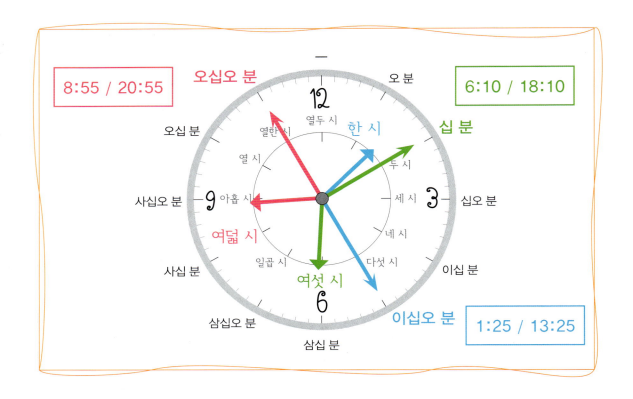

Benutzen die Koreaner auch eine Stundenzählung von null bis vierundzwanzig?

Eine solche Zählung hört man im Alltag nur bei Durchsagen am Bahnhof oder Flughafen. Üblich ist die Zählung analog zu a.m. und p.m. 오전 und 오후 entsprechen den deutschen Begriffen „Vormittag" und „Nachmittag" aber nur bedingt. Im Unterschied zu a.m. und p.m., die für jede Tageszeit entweder der ersten oder der zweiten 12 Stunden eines Tages verwendet werden, differenziert man in Korea, z.T. nach individuellem Gefühl: Die ersten Stunden des Tages nennt man 새벽, ein rein-koreanisches, unübersetzbares Wort, das die Stunden vor und rund um den Tagesbruch bezeichnet (새벽 1시 ebenso wie 새벽 5시), also einen größeren Zeitraum als der Begriff Morgengrauen. In den Morgenstunden ca. von 5 bis 8 ist 아침 passend. Am Abend überlappen sich die Begriffe 오후 und 저녁. Auch 7 Uhr am Abend kann manchmal noch 오후 sein. Auch die Begriffe 저녁 und 밤 (Abend, Nacht) überlappen sich nach dem Sprachgefühl vieler Koreaner, es gibt keine exakte Trennlinie. 10 Uhr kann 저녁, aber auch schon 밤 sein.

Uhrzeiten

4.1.5

Übung / 연습

Ordne zu:

1:05	한 시 오 분		일곱 시 반
4:30		10	
	다섯 시 이십 분		두 시 오 분
	세 시 반	12:10	
9:45			여덟 시 십오 분

Q 여덟? Zu hören ist doch nur „여덜", oder? **A** Stimmt, aber Orthographie hat oft mit Sprachgeschichte zu tun. Merk dir hier einfach: „acht" hat ein ㅂ am Ende (Eselsbrücke: ein „B", die lateinalphabetische Entsprechung zum ㅂ, sieht fast aus wie eine 8).

Übung / 연습

4.1.6

 Hör und schreib die Zeiten:

1. 05:00 / 17:00   (다섯 시 입니다.)   6.
2.   7.
3.   8.
4.   9.
5.   10.

„Wie spät ist es gerade?"   **Übung / 연습**

4.1.7

Mach Dialoge wie im Beispiel.

보기

14:45

A 실례합니다. 지금은 몇 시입니까? *Verzeihen Sie bitte. Wie spät ist es?*
B 두 시 사십오 분입니다. 세 시 십오 분 전입니다. *Es ist dreiviertel drei.*
A 정말로 감사합니다. *Vielen herzlichen Dank.*
B 아니오. 별 말씀을요. *Keine Ursache.*

08:00   10:05   12:35   21:30   07:15

13:15   18:45   09:10   06:05   02:55

Zeitangaben mit 에   **Grammatik / 문법**

4.1.8

오늘 시험은 몇 시에 시작합니까?

에 ist die häufigste Partikel für Zeitangaben. In der Übersetzung ins Deutsche würden ihr die temporalen Präpositionen „um", „an", „in" und „zu" entsprechen.

예 이번 토요일에 친구를 만납니까? *Treffen Sie sich am Samstag (diesen Samstag) mit Freunden?*
저는 방학에 아르바이트를 합니다. *Ich arbeite in den Ferien.*
연말에 무엇을 합니까? *Was machen Sie zu Jahresende?*
12시에 시작합니다. *Es/Er/Sie (aus dem Kontext zu erschließen) beginnt um 12.*

정말로 *wirklich (Adv.)*   별 말씀을요 *nichts zu danken. nicht der Rede wert*   토요일 土曜日 *Samstag*
만나다 *treffen*   방학 放學 *Ferien (Schulferien)*   아르바이트를 하다 *dt. Arbeit jobben*
연말 年末 *Jahresende, Silvester*

Beginnzeiten

4.1.9

Bilde Fragen und Antworten wie im Beispiel:

> 보기
>
> A 오늘 시험은 몇 시에 시작합니까?
> B 오늘 시험은 3시 15분에 시작합니다.

a) 시험 – 3시 15분   d) 강의 – 2시 10분   g) 회의 – 9시 15분
b) 영화 – 5시 30분   e) 음악회 – 8시45분   h) 시합 – 7시5분
c) 수업 – 1시 20분   f) 행사 – 6시30분   i) 모임 – 4시15분

Koreaner teilen die Zeit gedanklich nicht in Viertel wie wir.
Eine Verabredung wird für die volle Stunde oder für halb angesetzt, z.B. 3 am Nachmittag (15 Uhr) oder halb
4 (15 Uhr 30), kaum aber für viertel nach drei (15 Uhr 15) oder dreiviertel vier (15 Uhr 45).
Wenn die volle oder halbe Stunde nicht geht, so sind „10-Minutenschritte" die nächste Wahl, also z.B. 15:10,
15:20 usw. Unterrichtsstunden dauern meist 50 Minuten, sie beginnen z.B. zur vollen Stunde und enden 10
Minuten vor der nächsten Stunde. Auch bei Fernsehzeiten schlägt sich dieses andere Konzept nieder. Und
dass eine Lehrveranstaltung zur vollen Stunde „cum tempore" beginnt, also mit dem „akademischen Viertel"
um Viertel nach, das ist den Koreanern fremd.

 von wann bis wann

4.1.10

+저는 ~시부터 ~시까지 수업이 있습니다

예 저는 7월부터 9월까지 한국에 있습니다. *Ich bin von Juli bis September in Korea.*
가: 슈퍼는 몇 시부터 엽니까? *Ab wann hat der Supermarkt auf?*
나: 8시부터 엽니다. *Er ist ab acht Uhr geöffnet.*

가: 우체국은 몇 시까지입니까? *Wie lange hat das Postamt geöffnet?*
나: 5시까지입니다. *Es hat bis fünf Uhr geöffnet.*

> 열다 : Der logische Unterschied zwischen „öffnen" und „offen sein" wird auch
> im Koreanischen grammatikalisch und lexikalisch ernstgenommen. Strengge-
> nommen heißt „offen (geöffnet) sein" nämlich „열려 있다". Wie man aber an den
> Beispielen in dieser Lektion sehen kann, ist die Alltagssprache hier weniger
> streng: 우체국은 8시부터 5시까지 엽니다 heißt eben nicht: Die Post öffnet von 8
> bis 17 Uhr, sondern Die Post hat von 8 bis 17 Uhr geöffnet. Das heißt aber nur,
> dass wir eben das Bedeutungsspektrum von „열다" nicht mit dem von unserem
> deutschen Wort „öffnen" komplett gleichsetzen dürfen.

영화 映畫 *Film*   강의 講義 *Vorlesung*   음악회 音樂會 *Konzert*   행사 行事 *Veranstaltung*
회의 會議 *Sitzung, Konferenz*   시합 試合 *Match, Spiel*   모임 *Treffen*   열다 *öffnen, offen sein*
슈퍼 *super Supermarkt*   우체국 郵遞局 *Postamt*

영업시간 Geschäftszeiten

병원 *Krankenhaus*
진료시간: 9–16

지하철 *U-Bahn*
운행시간: 5–24

약국 *Apotheke*
영업시간: 8–18

우체국 *Post*
업무시간: 8–18

교회 *Kirche*
문여는 시간: 6–22

빵집 *Bäckerei*
영업시간:
6–19

은행 *Bank*
영업시간:
9–17

식당 *Restaurant*
영업시간:
11–23

백화점
Kaufhaus
영업시간:
7–21

경찰서
Polizei
업무시간:
0–24

Frag und antworte wie im Beispiel:

보기 빵집은 몇 시부터 엽니까? *Ab wann hat die Bäckerei auf?*

아침 6시부터 엽니다. *Die ist ab sechs Uhr morgens geöffnet.*

경찰서는 몇 시까지 업무합니까? *Wie lange ist die Polizeistation geöffnet?*

24[열두]시간 업무합니다. *Die ist rund um die Uhr besetzt.*

> 열다 ist hier eine sehr bequeme Vokabel. Ebenso idiomatisch wäre: 합니다 („우체국은 몇 시까지 합니까?" Wie lange hat das Postamt offen?)
> Exakter wäre: 우체국의 영업시간은 오전 8시부터 오후 5시까지입니다. Die Geschäftszeiten des Postamts sind von 8 bis 17 Uhr.

Nenn die Öffnungs- bzw. Betriebszeiten:

> 보기
>
> 우체국은 8시부터 5시까지 엽니다/합니다.
> *Die Post hat von acht bis fünf Uhr geöffnet.*

병원 病院 *ist wörtlich ein Krankenhaus, aber nicht nur so, wie wir uns eines vorstellen. Erstens gibt es in Korea viele klein dimensionierte private Krankenhäuser und ein „byeongwon" ist oft auch nur eine kleine private Spezialklinik. Zweitens meint man mit „byeongwon" oft sogar nur eine Arztpraxis, in die man nicht stationär aufgenommen werden kann.* 병원에 가다 *heißt daher meist bloß soviel wie „zum Arzt gehen".*

영업 營業 *die Ausübung eines Gewerbes*　　업무 業務 *Dienst, Amtsgeschäft*　　진료 診療 *Ordination, Behandlung*
운행 運行 *das Verkehren, das In-Umlauf-Sein*　　문여는 시간 *„die Zeit, zu der die Tür geöffnet ist"*

Frage nach der Anzahl mit 몇　　　　　　　　　　**Grammatik / 문법**

오늘 시험은 몇 시에 시작합니까?

예 영화는 몇 시부터 몇 시까지입니까/합니까/상영합니까? *Von wann bis wann ist (läuft) der Film?*
친구는 몇 명 옵니까? *Wie viele Leute („Freunde") kommen?*
몇 시간 걸려요? *Wie lange dauert das? (Wörtl.: Wieviele Stunden dauert es?)*

In Aussagesätzen bedeutet 몇 „ein paar", „einige":

예 제 친구 중에 몇 명이 한국사람입니다. *Unter meinen Freunden gibt es auch einige Koreaner.*

 Wie lange dauert das? 몇 시간 걸려요?　　　　　**Übung / 연습**

Bilde Sätze nach diesem Muster:

보기　A 영화는 8시부터 10 시까지입니다.
　　　B 두시간 걸려요.

a) 수업 – 9:00~13:00　　　　　d) 발표 – 10:30~10:50
b) 강의 – 16:30~18:00　　　　　e) 행사 – 10:00~19:00
c) 음악회 – 19:30~21:15　　　　f) 결혼식 – 14:00~14:30

> **Wie schreibt man Jahreszahlen meistens in Korea?**
>
> *Man geht immer vom großen zum kleinen vor, also vom Jahr zum Monat zum Tag:* 년 월 일
> *Der 27. November 2013 ist also* 이천십삼 년 십일 월 이십칠 일 „*2013 Jahr 11 Monat 27 Tag*"
> *Die Abfolge vom größeren zum kleineren ist auch die Reihenfolge bei der Adresse.*

 Die Wochentage 요일　　　　　　　　　　**Wortschatz / 어휘**

月	火	水	木	金	土	日
Montag	Dienstag	Mittwoch	Donnerstag	Freitag	Samstag	Sonntag
월요일	화요일	수요일	목요일	금요일	토요일	일요일
月曜日	木曜日	木曜日	木曜日	金曜日	土曜日	日曜日
Mondtag	Feuertag	Wassertag	Holztag	Metall-, Goldtag	Erdtag	Sonnentag

상영 上映 *vorführen*　　　중中에 *unter, von, inmitten*　　　발표 發表 *Referat, Präsentation*
결혼식 結婚式 *Hochzeit(szeremonie)*

Korea-Kulturwoche

4.1.15

Ein (fiktives) Programm einer Korea-Kulturwoche im 한인문화회관. dem „Korea-Haus":

	오후 4시부터	저녁 6시부터	밤 8시부터
월	한국의 전통놀이: 윷놀이 *Traditionelle koreanische Spiele: Yut-Spiel*	한국요리 *Koreanisch kochen*	영화: 하하하 *Film: Hahaha*
화	사물놀이 *Trommelkurs*	김장하기 *Kimchi einmachen*	노래방 *Karaoke*
수	한국의 전통놀이: 딱지치기 *Traditionelle Spiele: Koreanisches Pog-Spiel*	한국요리 *Koreanisch kochen*	영화: 활 *Film: Der Bogen*
목	사물놀이 *Trommelkurs*	김장하기 *Kimchi einmachen*	영화: 괴물 *Film: The Host*
금	한국의 전통놀이: 제기차기 *Traditionelle koreanische Spiele: Jegichagi*	뷔페 *Buffet*	노래방 *Karaoke*

 Bilde Sätze nach diesem Muster:

> 보기 화요일에는 무엇을 합니까? 영화를 합니다.
> *Was ist am Dienstag los? Da zeigt man einen Film.*

4.2.1

A 유나씨, 이번 주 금요일 저녁에 무엇을 합니까?
B 저는 7시부터 10시까지 교회에 있습니다.
A 그렇습니까? 그럼, 토요일에는 무엇을 합니까?
B 토요일 오후에는 친구하고 약속이 있습니다.
A 몇 시에 만납니까?
B 오후 2시에 만납니다.
A 그러면 저녁에는 시간이 있습니까?
B 6시 정도부터 시간이 있습니다. 왜요?
A 유나씨, 영화를 좋아합니까?
B 네, 좋아합니다. 요즘 무슨 영화를 합니까?
A 요즘 "왕의 남자 3"을 합니다. 토요일 저녁에
   같이 봅시다.
B 네, 그럽시다.

> **Zur Situation**
>
> Ein Telefongespräch.
> A = Stefan; B = Yuna

A *Yuna, was machen Sie diese Woche am Freitag Abend?*
B *Ich bin von sieben bis zehn in der Kirche.*
A *Tatsächlich? Was machen Sie dann am Samstag?*
B *Samstag Nachmittag habe ich eine Verabredung mit einem(r) Freund(in).*
A *Um wieviel Uhr treffen Sie sich?*
B *Wir treffen uns um zwei Uhr am Nachmittag.*
A *Haben Sie dann am Abend Zeit?*
B *Ab etwa sechs Uhr habe ich Zeit. Wieso?*
A *Yuna, gehen Sie gern ins Kino [wörtl.: schauen Sie gerne Filme]?*
B *Ja, schon. Was läuft denn zur Zeit?*
A *Zurzeit „The King and the Clown III". Schauen wir uns das doch am Samstag Abend zusammen an.*
B *Ja ... machen wir das.*

4.2.2 **Sprachbetrachtung+Idiomatik**

- 친구하고

  mit einem Freund, mit einer Freundin ; statt 하고 wäre auch 랑 möglich

- 무슨 영화를 합니까?

  Vgl. das deutsche „was spielen sie?" Wieder einmal ein Beispiel dafür, was für ein Tausendsassa das koreanische Universalwort „하다" ist. Im übrigen ist diese Frage natürlich nichts für echte Cineasten und passt eigentlich auch nicht nach Wien, wo man wirklich eine breite Auswahl an Filmen hat. Das ganze Gespräch spielt sich in der formellen Sprachstufe ab, das ist nicht unmöglich, aber Frauen benutzen diese Sprachstufe ungern, weil sie härter klingt. Im wirklichen Leben würde B eher folgende Endungen benutzen: „... 교회에 있는데요. / ... 약속이 있어요. / ... 오후 2시에 만나요. / ... 시간이 있는데, 왜요? / ... 네, 좋아해요. / ... 요즘 무슨 영화를 하지요? / ... 네... 그러죠 뭐." Wir verzichten hier auf eine Erörterung der feineren, aber für das passive Verständnis durchaus zu vernachlässigenden Nuancen, die mit diesen besonderen Endungen zusätzlich erzielt werden.

> 약속 : Versprechen, aber auch Termin. Vgl.: 난 오늘 약속이 많아요. Ich habe heute viele Termine. 약속을 했잖아. Wir hatten uns das doch ausgemacht. / Wir waren doch verabredet.

주 週 *Woche*   저녁 *Abend*   교회 教會 *Kirche*   그렇다 *so sein*   오후 午後 *Nachmittag*
약속 約束 *Verabredung, Termin, Versprechen*   정도 程度 *ungefähr, circa*   왜 *warum, wieso*
무슨 *was für ein*   같이 *zusammen*

- 유나씨, 영화를 좋아합니까?

  Wörtl. „Schauen Sie gern Filme an?" Idiomatisch entspricht dieser Frage auf Deutsch hier aber eher: „Gehen Sie gern ins Kino?".

- 왜요?

  Warum? Die Form „왜 입니까?" ist unüblich.

- 그럽시다

  verkürzt aus 그렇게 합시다 *lass es uns so machen*

4.2.7

 ## Kombination der Themapartikel mit anderen Partikeln   **Grammatik / 문법**

4.2.3

토요일에는 무엇을 합니까?

Einige Partikel, wie zum Beispiel die Akkusativpartikel 을/를 werden im Bedarfsfall durch die Themapartikel ersetzt (also nicht bloß um diese ergänzt). Es gibt aber auch Partikel, die beim Zusammentreffen mit 는/은 erhalten bleiben.

부터 → 부터는   까지 → 까지는   에(서) → 에(서)는

예▶ 아들 두 명이 소방관이에요. 딸은 교사예요. *Meine zwei Söhne sind bei der Feuerwehr. Meine Tochter ist Lehrerin.*

우리 나라에서는 어린이들이 나라의 왕입니다. *Bei uns („in unserem Land") sind die Kinder Könige.*

A: 잡채를 좋아하세요? *Mögen Sie Japchae?*
B: 아니오. 하지만 짜장면은 아주 좋아합니다. *Nein, aber ich mag Jjajangmyeon sehr gerne.*

 ## 하고   **Grammatik / 문법**

4.2.4

친구하고 약속이 있습니다.

하고 erfüllt die gleiche Funktion wie 와/과. Als Verbindung zweier Nomen bedeutet es „und", als bloße Partikel auch „mit".

예▶ A하고 B는 공원에 갑니다. *A und B gehen in den Park.*
A하고 싸웁니다. *Ich streite mit A.*
A는 B하고 결혼합니다. *A heiratet B.*

> „heiraten mit" ist ein beliebter Interferenzfehler von Koreanern. A는 B하고 결혼합니다. A heiratet B. [Eselsbrücke: „A schließt mit B den Bund der Ehe."]

아들 *Sohn*   딸 *Tochter*   여권 旅券 *Pass*   서류 書類 *Dokument. Formular*
보여 주다 *zeigen*   공원 公園 *Park*   싸우다 *streiten, kämpfen*

요즘 무슨 영화를 합니까?

예 무슨: „was für", „was für (eine Art von)" bzw. „irgendein/e"

무슨 음악을 좋아합니까? *Was für eine (Art von) Musik mögen Sie?*

무슨 음식을 좋아하세요? *Was essen Sie gern? (Was für eine Art von Essen haben Sie gern?)*

이 노래는 무슨 내용이에요? *Worum geht es in diesem Lied? (Wörtl.: Was dieses Lied anlangt, was ist das für ein Inhalt?)*

이게/그게/저게 무슨 말이에요? *Was heißt das? Was soll das heißen?*

이게 무슨 냄새예요? *Was ist das für ein Geruch?*

이거 무슨 책이에요? – 한국어 교재예요. *Was ist das für ein Buch? – Das ist ein Koreanischlehrbuch.*

무슨 일이에요? *Was liegt an? Gibt es etwas? Stimmt etwas nicht? Was stimmt denn nicht?*

Ein sehr idiomatischer Gebrauch von 무슨 dient zur bescheidenen Zurückweisung von Komplimenten:

예 고생은 무슨 고생? *Große Leistung (wört.: Mühe, Plackerei, Tschoch)? Aber wo!*

미인은 무슨 미인? *Ich eine Schönheit? Aber wo!*

Manchmal ist 무슨 austauschbar mit 어떤 („wie seiend"):

예 어떤 음악을 좋아합니까? *Was für eine Musik mögen Sie?*

어떤 사람이 되고 싶어? *„What kind of person do you want to be?"*

Gibt es eine ganz spezifische Auswahl, so ist aber 어떤 (näher am deutschen „welcher/e/es") am Platz:

Auf Englisch fragt man das wohl eher. „Was für ein Mensch möchten Sie werden?" wird auf Deutsch kaum gefragt.

예 이 둘 중에서 어떤 옷이 더 마음에 들어요?

어떤 게 나을까? *Was wäre besser?*

Dem deutschen „welcher/e/es" am nächsten ist 어느:

Das Englische hat hier eine bessere Entsprechung: Which one would be better?

예 어느 나라 사람이에요? *Aus welchem Land kommen Sie?*

Von welchem Land sind Sie ein Mensch?

이 영화 어느 극장에서 해요? *In welchem Kino spielt man diesen Film?*

오늘 어느 식당에 가세요? *In welches Restaurant gehen Sie heute?*

무슨, 어떤 **oder** 어느?   **Übung / 연습**

4.2.6

 1.   남자 좋아하세요?

2. 저 분이   사람이에요?

3. 내일이   요일이에요?

4. 우리 반에 학생이 20[스무] 명 있어요.   학생이 터키 사람이에요? 페리트 파묵 [Ferit Pamuk] 터키 사람이에요.

5. 얼굴 표정이 왜 그래요?   일이에요?

6. 여기 아이들이 많아요.   아이가 선생님의 딸이에요?

7.   말씀 이세요? 실망이네요.

 Aufforderungsform (Kohortativ)   **Grammatik / 문법**

4.2.7

토요일 저녁에 같이 *봅시다*.

~ㅂ시다/(읍)시다 ist die Aufforderungsform (der Kohortativ oder Propositiv) der formellen Höflichkeitssprache. Hilfreich ist es, sie sich in das deutsche „Lass(t) uns ..." umzudenken. Auf vokalisch endende Verbstämme folgt ㅂ시다, auf konsonantisch endende 읍시다.

예 오늘 저녁에 코이노니아 식당에 갑시다! *Gehen wir heute Abend ins Restaurant Koinonia.*
이제 듣기 연습을 합시다. *Lasst uns jetzt eine Hörübung machen.*
다음에 또 거기에 갑시다. *Gehen wir nächstes Mal wieder dorthin.*
약속 합시다. *Machen wir uns etwas aus. („Verabreden wir uns.")*

 Aufforderungen zu gemeinsamem Tun   **Übung / 연습**

4.2.8

Bilde die Aufforderungsform, und wende dich mit Ausdruck und Gefühl an dein(e) Übungspartner(in):

a) 같이 가다
b) 함께 하다
c) 출발하다
d) 결혼하다
e) 반지를 사다
f) 같이 영화를 보다
g) 카페에 가다
h) 같이 책을 읽다
i) 같이 연주회에 가다

결혼합시다 ist übrigens ein Sprechakt, für den es im Koreanischen ein ganz spezielles Fremdwort gibt, das Modewort 프러포즈하다 (vom englischen „propose"); Liebesheiraten und romantische Heiratsanträge sind ja eine moderne Errungenschaft, die man vom Westen übernommen hat; daneben gibt es auch ein gleichbedeutendes Hanja-Wort: 청혼(請婚[Vorschlag+Heirat])하다.

반 *Klasse*   얼굴 *Gesicht*   표정 *Ausdruck*   실망 失望 *Enttäuschung*   말 *Worte, Sprache*
식당 食堂 *Restaurant*   이제 *jetzt endlich*   듣기 *Hören*   연습 練習 *Übung*   다음 *nächstes Mal*
또 *wieder*   거기 *dort*   약속約束을 하다 *sich verabreden, versprechen*

sich verabreden

4.3.1

A 베아트리크스씨, 오늘이 무슨 날인지 아세요?
B 왜요? 특별한 날인가요 [= 특별한 날이에요]?
A 그럼요. 오늘이 스승의 날이잖아요.
B 스승? 스승이 뭐예요?
A 스승은 '선생님'이에요.
B 아, 그러면 '선생님의 날'이군요. 이런! 저는 선물이 없는데요 [= 없습니다/없어요]!
A 그러면 그냥 편지를 쓰세요!

A *Beatrix, weißt du, was wir heute für einen Tag haben?*
B *Warum? Ist denn heute ein besonderer Tag?*
A *Und ob. Heute ist doch der Seuseung-Tag.*
B *Seuseung? Was ist Seuseung?*
A *Seuseung heißt Lehrer. [S. ist „Lehrer".]*
B *Aha, dann ist das also der Lehrertag. Auweia! Ich habe kein Geschenk.*
A *Dann schreib doch einfach einen Brief.*

스승의 날
Der 15. Mai ist in Korea „Lehrertag". An Schulen und Universitäten werden die Lehrer geehrt. Man überreicht Geschenke, Studentenvertreter gehen mit den Professoren essen. Viele suchen auch ihre ehemaligen Lehrer auf.

4.3.2

Sprachbetrachtung+Idiomatik

- 특별한

  besonders; von 특별하다

- 인가요

  die Nuance, die gegenüber dem neutralen „이에요" erzielt wird, wäre mit „denn" („Ist denn ...") vergleichbar

- 그럼요.

  Und ob. Ja sicher. Aber klar.

- 이잖아요

  die Nuance gegenüber dem neutralen „이에요" wäre auf Deutsch mit „doch" oder „ja" wiederzugeben (im Sinn einer Vorhaltung bzw. eines Erinnerns und Um-Einverständnis-Heischens). Koreaner beginnen oft so ein neues Thema: „있잖아." Auf Wienerisch entspräche dem oft ein „Waßt eh ..."

- 이군요

  die Nuance gegenüber dem neutralen „이에요" ist ein erstauntes, überraschtes Erkennen und Innewerden

- 쓰세요

  die Aufforderungsform zu 쓰다 (schreiben); in der formellen Sprechstufe 쓰십시오

알다 *wissen, kennen*   특별特別한 *besonders (Adj.)*   날 *Tag*   그럼요 *und ob*   스승의 날 *Tag der Lehrer*
이런! *Na so was! Nanu! Uijegerl! Mist!*   선물 膳物 *Geschenk*   그냥 *einfach, ruhig, ohne Umstände*
편지 便紙 *Brief*   쓰다 *schreiben*

Konjunktion ~ㄴ지/~는지 Grammatik / 문법

4.3.4

무슨 날인지 아세요?

Nebensätze, die auf Deutsch mit „ob" oder einem Fragewort eröffnet werden, bindet die koreanische Grammatik durch die „Konjunktion" (eigentlich eine Verb-Endung) ~ㄴ지/~는지 an den Hauptsatz. Die häufigsten Verben, die auf einen solchen Nebensatz folgen, sind 알다 (wissen), 모르다 (nicht wissen) und 물어보다 (fragen).

Auf konsonantisch endenden Verbstamm folgt ~는지, auf vokalisch endenden ~ㄴ지.

Achtung

Im Gegensatz zur flexibleren deutschen Reihenfolge (mit entweder Hauptsatz-Konjunktion-Nebensatz oder aber Konjunktion-Nebensatz-Hauptsatz) ist die Reihenfolge im Koreanischen immer Nebensatz-Konjunktion-Hauptsatz.

예▶ 시험이 몇 시에 시작하는지 아세요? *Wissen Sie, wann / um wie viel Uhr die Prüfung beginnt?*
영화가 몇 시에 끝나는지 물어 보세요. *Fragen Sie nach, wann der Film endet.*
가씨는 나씨가 토요일에 무엇을 하는지 물어 봅니다. *A fragt B, was er/sie am Samstag macht.*
무슨 말/뜻인지 모릅니다. / 무슨 말/뜻인지 모르겠습니다. *Ich weiß nicht, was das heißen soll.*
내가 너를 얼마나 좋아하는지 알아? *Weißt du, wie lieb ich dich hab?*

> Weißt du , **wer** ich **bin**?
> 내가 **누군지** 알아요 ?

예▶ 이 음식이 얼마나 맛있는지 알아요? *Weißt du, wie gut dieses Essen schmeckt?*
시간이 있는지 한 번 물어 보세요. *Frag (ihn/sie) mal, ob sie Zeit hat? ...*

Was ist das? Übung / 연습

4.3.5

Frage deinen Gesprächspartner, ob er / sie weiß, was das ist.

보기

이것이 무엇인지 알아요? *Weißt du, was das ist?*
혹시 _____이에요? / 혹시 _____ 아니에요? *Ist das womöglich ein(e) ...?/Ist das nicht ein(e) ...?*

끝나다 *enden*　　물어 보다 *fragen*　　뜻 *Bedeutung*

honorative Verb-Endung ~(으)세요 — **Grammatik / 문법**

무슨 날인지 아세요?

Die Verb-Endung ~(으)세요 wird nicht nur für Aufforderungen und Bitten verwendet, sondern erlaubt auch Feststellungen und Fragen. Die Endung enthält das honorative Infix 시. Sie ist nur angebracht, wenn es entweder um eine direkte respektvolle Anrede geht oder um eine Äußerung über eine dritte Person, über die (zumindest vor dem Hörer) respektvoll gesprochen werden muss.

Ob es sich um eine Aufforderung, eine Bitte, einen Befehl, eine Frage oder Aussage handelt, lässt sich an Kontext und Intonation erkennen.

Auf konsonantisch endenden Verbstamm folgt ~으세요, auf vokalisch endenden ~세요.

예 할아버지는 부지런하세요. *Großvater / Der alte Herr ist fleißig.*
할머니는 코가 크세요. *Großmutter / Die alte Dame hat eine große Nase.*
선생님이 니더외스터라이히 주에 사세요. *Er/ Sie lebt in Niederösterreich.*
주말에 무엇을 하세요? *Was machen Sie am Wochenende?*
여기에 앉으세요/이리로 앉으세요. *Setzen Sie sich hierher.*

gestern, heute, morgen — **Wortschatz / 어휘**

그저께	어제	오늘	내일	모레	글피
vorgestern	gestern	heute	morgen	übermorgen	überübermorgen

Monate — **Wortschatz / 어휘**

Achtung, Ausnahmen:
유월 (nicht 육월) und
시월 (nicht 십월)

1월	2월	3월	4월	5월	6월
일월	이월	삼월	사월	오월	유월

7월	8월	9월	10월	11월	12월
칠월	팔월	구월	시월	십일월	십이월

Traditionell teilte man in der bäuerlichen Gesellschaft das Jahr in die „24 Wendepunkte" (이십사절기 二十四節氣), engl. „Solar terms". Die Bezeichnungen (von „Frühlingeinzug" über „Große Hitze" bis „Große Kälte") sind sehr sprechend.

Übung / 연습

Frag alle deine Kollegen:

보기 A 생일이 몇 월이에요?
　　 B 팔월이에요.

Q Warum sagt man hier 이에요 und nicht 있어요? **A** Hier gibt die Idiomatik den Ausschlag. Eigentlich müsste man fragen: 생일이 몇일이에요? Welcher Tag ist [Dein/Ihr] Geburtstag? In Analogie dazu die Frage 생일이 몇 월이에요? Man fragt also nicht „in welchem Monat", sondern einfach: Welcher Monat ist Dein/Ihr Geburtstag(smonat)?

주 州 *Verwaltungseinheit, Landesteil* 　 살다 *leben* 　 주말 週末 *Wochenende* 　 앉다 *sitzen*
그제 *vorgestern* 　 어제 *gestern* 　 내일 來日 *morgen* 　 모레 *übermorgen*

Klassenzimmerfragen

보기   1월달 생일은 몇 명이 있습니까? *Wer hat im Jänner Geburtstag?*

2월달 생일은 몇 명이 있습니까? *Wer hat im Februar Geburtstag?*

3월달 … ?   *… März … ?*

…

…

Ganz wörtlich: „Jänner-Geburtstag-hinsichtlich: wieviele Personen gibt es?"

Abkürzungen mit Zahlen

삼일운동 運動   **Drei-eins-Bewegung**: *Die Demonstrationen gegen die japanische Kolonialherrschaft, die am 1. März 1919 begannen.*

삼일절 節   **Drei-eins-Feiertag**: *Der Feiertag zum Gedanken an die Drei-eins-Bewegung und ihre Opfer.*

육이오 전쟁 戰爭   **Sechs-zwei-fünf-Krieg**: *Der Koreakrieg, der am 25. Juni 1950 begann.*

사일구 혁명 革命   **Vier-eins-neun-Revolution**: *Die Revolution vom 19. April 1960 (Studentenrevolte, die den südkoreanischen Langzeitdiktator Rhee Syngman ins Exil trieb).*

십이육 사건 事件   **Zehn-zwei-sechs-Vorfall**: *Der Dikator Park Chung-Hee wird am 26. Oktober 1979 von seinem Geheimdienstchef erschossen.*

오일팔 광주 민주화운동 民主化運動   **Fünf-eins-acht-Kwangju-„Demokratisierungsbewegung"**: *Der Aufstand von Kwangju, der am 18. Mai 1980 seinen Höhepunkt erreichte. Niedergeschlagen wurde er durch das Kwangju-Massaker.*

 Was haben wir heute für einen Tag?

2012년 6월

월	화	수	목	금	토	일
				1	2	3
4	5	6	7	8	9	10
11	12	13	오늘 14	15	16	17
18	19	20	21	22	23	24
25	26	27	28	29	30	

오늘이 며칠입니까?   오늘은 20일입니다. 내일은 며칠입니까?

내일이 며칠입니까?   15일은 무슨 요일입니까?

모레가 며칠입니까?   내일은 28일입니다. 모레는 무슨 요일입니까?

며칠   *der wievielte, wie viele Tage, einige Tage*   요일 曜日   *Wochentag*

Staatliche Feiertage nach dem Sonnenkalender:

신정	1월 1일
3·1절	3월 1일
어린이날	5월 5일
현충일	6월 6일
광복절	8월 15일
개천절	10월 3일
크리스마스	12월 25일

신정	新正	*Neujahrstag (nach dem Sonnenkalender)*
현충일	顯忠日	*„Memorial Day"*
		aus 나타날 현 und 충성 충 (Treue, Gehorsam)
광복절	光復節	*„National Liberation Day"*
		Tag der glorreichen Wiederherstellung
개천절	開天節	*(„öffnen-Himmel-Feiertag") „National Foundation Day" Gründungstag: Gründung von Gojoseon im Jahr 2333 v. Chr.*
석가탄신일	釋迦誕辰日	*Buddhas Geburtstag*

„Wann hast du Geburtstag?"   **Übung / 연습**

4.3.12

„Mit Ausdruck und Gefühl" – Versuche, mit der Stimme auch die Befindlichkeit wiederzugeben (um welche Beziehung geht es hier?):

a) entweder gleichrangig und sehr vertraut oder unter Kindern oder auch unhöflich von oben herab oder auch bewusst beleidigend

생일이 언제야? *Wann hast du Geburtstag?*
너 생일이 언제 있니? *Wann ist dein Geburtstag?*
생일이 몇 월이야? *In welchem Monat hast du Geburtstag?*

b) höflicher-distanzierter, unter Erwachsenen

생일이 언제예요? *Wann haben Sie Geburtstag?*
생신이 어떻게 되십니까? *Wann haben Sie Geburtstag?*
생일이 몇 월이세요? *In welchem Monat haben Sie Geburtstag?*

> **Q** „있니", „이야" ist also 반말 (Halbsprache), nicht wahr? Wie sind die Regeln, kann ich diese Endungen „니" oder „야" überall anhängen?
> **A** Begnügen wir uns bei dieser Übung mit diesen bestimmten konkreten Wendungen. Diese 반말-Endungen sind recht leicht zu handhaben, aber machen wir sie in diesem Stadium noch nicht zum Lerngegenstand im strengen Sinn. **Q** Mir kommen diese 반말-Endungen irgendwie viel „glaubwürdiger" oder „authentischer" vor als die längeren Endungen. **A** Beides ist authentisch. Und wir müssen eben akzeptieren, dass Höflichkeit ein sensibleres Thema als bei uns im Deutschen, wo mittlerweile ja selbst das Du/Sie-System aufgeweicht wird (siehe IKEA). Sprachliche faux-pas sind in Korea ein alltägliches Thema ersten Ranges.

„Was machst du wann?"   **Übung / 연습**

4.3.13

Hier der Terminkalender von A.

A 의 일 주일 계획표

월	오전 9시 한국어 시험
화	X랑 점심 12시 중국식당 (짜장면!!!)
수	저녁 7시-10시 반 생일 파티
목	친구랑 음악회 가기
금	아침 10시-1시 아르바이트
토	오후 2시 쇼핑 6시 영화
일	11시 까지 교회 가기

- 가기: das Gehen
- 까지: bis, hier sehr idiomatisch, denn letztlich bedeutet 11까지 ja nur: um 11 dort sein, also ist 까지 eigentlich überflüssig
- 교회 der Kirchgang am Sonntag ist für Koreaner oft ein fast ganztägige Angelegenheit; man besucht nicht allein die Messe, sondern feiert gewissermaßen ein Party im Gemeindezentrum.

계획 計劃 *Plan*   표 表 *Liste*   오전 午前 *Vormittag*   점심 點心 *Mittag(essen)*   파티 *party Party, Feier*
N~랑 *mit, und*   아침 *Früh, Morgen*   쇼핑 *shopping Shopping, Einkaufen*

Du fragst ihn/sie (A). Was antwortet er/sie?

1. 언제 한국어 시험이 있습니까?   월요일 9시에 있습니다.

2. 중국식당에 언제 갑니까?

3. 생일파티는 언제 (몇 시에) 시작합니까?

4. 목요일에는 누구랑 음악회에 갑니까?

5. 아르바이트는 언제 몇 시부터 몇 시까지 합니까?

6. 영화는 몇 시에 시작합니까?

7. 토요일에 무엇을 합니까?

8. 교회에 몇 시까지 갑니까?

etwas verabreden

Übung / 연습

`4.3.14`

A und B sollen sich jetzt einen Termin zum Tennisspielen ausmachen. Hier der Terminkalender der beiden für diese Woche.

 A 우리 테니스 언제 해요? 월요일 오후에 시간 있어요? *Wann spielen wir Tennis? Hast du am Montagnachmittag Zeit?*

B 미안해요. 안돼요. 그 날 오후에 시험 봐요. 혹시 화요일에 시간(이) 있어요? *Tut mir leid. Das geht nicht. Am diesem Nachmittag habe ich eine Prüfung. Aber hast du am Dienstag Zeit?*

A 미안해요. 화요일은 난[= 나는] 안돼요. *Tut mir leid. Am Dienstag kann ich nicht.*

A 의 일 주일 계획표

월	오전 9시 한국어 시험
화	MT
수	
목	친구랑 음악회 가기
금	점심 12시 짜장면 먹으러 가기
토	오후 2시 쇼핑, 6시 영화
일	

B 의 일 주일 계획표

월	오후 3시 독일어 시험
화	아침 10시-1시 아르바이트
수	저녁 7시 페터 생파 (12시까지?)
목	답사
금	
토	9-12 한글학교
일	교회

- Ein 엠티 („MT") ist ein „membership training", eine Art Ausflug mit Teambuilding-Aktivitäten, z.B. für Studienanfänger oder Firmenneulinge. Für diese Übung lassen wir so ein MT auch einmal in Österreich vorkommen.

- 생파 = 생일파티
  ein Beispiel für die vielen Abkürzungen, die umgangssprachlich üblich sind – gleichzeitig aber (Achtung!) bei manchen auch wieder auf Ablehnung stoßen; vgl. 남친 = 남자친구.

- 답사 踏査 (aus „begehen" und „untersuchen") ist eine Exkursion oder Feldforschung; an koreanischen Universitäten in vielen Fächern ein fixer Bestandteil des Semesters.

- Die 한글학교 ist die Koreanische Samstagsschule für Koreaner der 2. oder 3. Generation. Nehmen wir hier an, dass B an diesem Samstag an der Wiener 한글학교 mal als Aushilfslehrer einspringt.

1月	2月	3月	4月	5月	6月
15 윤아	1 안디	9 막스	2 송이		
17 민우	24 홍길동	29 승준	8 소라		11 마리아

7月	8月	9月	10月	11月	12月
3 파울	15 승리			7 페터	10 나오미
29 카티				23 비비	
				29 이시	

어떤 친구의 생일이 언제입니까?

보기 윤아의 생일은 언제입니까? *Wann ist der Geburtstag von Yuna?*
윤아의 생일은 1월 15일이에요. *Ihr Geburtstag ist der 15. Januar.*

4.3.16

Der Mondkalender 음력달력

Kultur / 문화

Der Mondkalender spielt in Korea nach wie vor eine wichtige Rolle. Die wichtigsten traditionellen Festtage wie 추석(Erntedankfest) oder 설날(Neujahr) sind nach dem Mondkalender datiert und fallen dementsprechend jedes Jahr auf einen anderen Tag (vergleichbar mit dem Ostersonntag bei uns, der auf den Sonntag nach dem ersten Frühjahrsvollmond fällt). Geburtstage feiern Koreaner auch oft nach dem Mondkalender, was für Ausländer verwirrend sein kann. Kalender haben in Korea aber eben auch eine „Konkordanz" in der Form, dass unter dem jeweiligen Tag nach dem Sonnenkalender das Datum laut Mondkalender (meist auch samt traditioneller chinesischer Bezeichnung) steht! Ein koreanischer Kalender hat noch weitere Besonderheiten, z.B. werden die Tage, die für einen Umzug günstig sind (sein sollen), angezeigt.

Nationale Feiertage nach dem Mondkalender:

설날 *Neujahr*	음력 1월 1일
석가탄신일 *Buddhas Geburtstag*	음력 4월 8일
추석 *Erntedank*	음력 8월 15일

• ⌂ = 손 없는 날
Ein „손 없는 날" ist ein gespensterloser, dämonenfreier Tag. 손 = 손님 = Gast; der gemeine „Gast" ist ein ungebetener, nämlich ein Dämon (악귀 惡鬼) oder Gespenst, Geist, (귀신 鬼神). Für viele Koreaner kommt daher nur so ein Tag als 이삿날 („Umzugstag") in Frage. Wer nicht abergläubisch ist, hat es gut: viele Umzugsfirmen arbeiten an den nicht dämonenfreien Tagen nämlich zum ermäßigten Preis.

2012년 6월

월	화	수	목	금	토	일
				1	⌂ 2	3
4/8	4/9	⌂ 4/10	4/11	4/12	4/13	⌂ 4/14
4	5	6	7	8	9	10
4/15 ⌂	4/16	4/17	4/18	4/19 ⌂	4/20	4/21
11	12	13	14	15	16	17
4/22	4/23	4/24	4/25	4/26 ⌂	4/27 ⌂	4/28
18	19	20	21	22	23	24
4/29	4/30	5/1	5/2 ⌂	5/3	5/4 ⌂	5/5
25	26	27	28	29	30	
5/6 ⌂	5/7 ⌂	5/8	5/9	5/10 ⌂	5/11	5/12 ⌂

어떤 *welcher, was für ein*

Feste, und wie sie fallen

	2013	2014	2015
설날			
부처님 오신 날			
추석			

보기 올해는 추석이 언제예요? *Wann haben wir in diesem Jahr Chuseok?*

올해는 추석이 어떤 요일이에요? *Welcher Tag ist heuer Chuseok?*

올해 *heuer, dieses Jahr*	내년 來年 *nächstes Jahr*	작년 昨年 *vergangenes Jahr*

„Den wievielten haben wir heute?"

a) 음력 1.1.   f) 양력 15.8.
b) 양력 1.3.   g) 음력 15.8.
c) 음력 8.4.   h) 양력 10.3.
d) 양력 5.5.   i) 양력 25.12.
e) 양력 6.6.

Variiere den Dialog:

보기

오늘이 음력으로 며칠인지 아세요?
1월1일 이에요.
그럼 오늘이 휴일이에요?
네, 설날이에요.

생일 生日	*Geburtstag*
크리스마스	*christmas Weihnachten*
성탄절 聖誕節	*„Heilige-Geburt-Feiertag" Heiliger Abend*
설날	*koreanisches Neujahr*
추석 秋夕	*koreanisches Erntedankfest*
어린이날	*Tag der Kinder*
어버이날	*Tag der Eltern*
휴일 休日	*„Erholung-Tag" Feiertag*
부처	*Buddha*
부처님 오신 날	*„der Tag, an dem der ehrwürdige Buddha gekommen ist"* = 석가탄신일 釋迦誕辰日 *Buddhas Geburtstag*

Achtung: "오늘이 양력으로 며칠인지 아세요?" würde man normalerweise nicht fragen, weil der Sonnenkalender (im heutigen Korea) die Norm ist.

Jahreszahlen

Ordne zu:

보기 삼일운동은 언제였어요? *Wann war die Drei-Eins-Bewegung?*

삼일운동은 천구백십구년 삼월 일일에 있었습니다. *Die 3.1-Bewegung war am 1. März 1919.*

- 13. Mai 1972
  천구백칠십이년 오월 십삼일

- 1972 =
  1000-900-7-10-2 Jahr

a) 1919.2.8 이팔독립선언
b) 1919.3.1 삼일운동
c) 1926.6.10 육십만세운동
d) 1953.6.25 육이오전쟁
e) 1980.5.18 오일팔광주민주화운동

Ⓠ Nach dem Tag fehlt ein Punkt. Ⓐ Nein, das schreiben die Koreaner so. Schau, die Reihenfolge ist hier sowieso anders (Jahr, Monat, Tag, also absteigend vom größeren zum kleineren) als im Deutschen. Ⓠ Ach ja, dann ist umgekehrt der Punkt nach der Jahreszahl komisch. Ⓐ Klar, wir würden die Zahl für den Tag ja als „Ordnungszahl" sehen (also z.B. nicht „zwei", sondern „zweiter") und das darum mit einem Punkt zum Ausdruck bringen. Und 1919 wäre keine Ordnungszahl. Aber die Koreaner sehen das nicht so. Ⓠ Dienen die Punkte also nur als Trennzeichen zwischen den drei Bestandteilen Jahr, Monat und Tag? Ⓐ Genau, und darum braucht man keinen Punkt am Ende.

4.4.1

B 자기야, 오늘이 며칠인지 알아?
A 6월 22일 아냐?
B 그럼 무슨 날인지도 알아?
A 글쎄…
B 정말 몰라?
A 무슨 날인데? 왜 그렇게 무섭게 물어봐?
B 진짜 몰라? 오늘이 우리 100[백]일이잖아!

Ⓠ Fehlen da nicht die ganzen 요s am Ende? Ich meine, muss es nicht z.B. 알아요 statt 알아 heißen? Und was ist 아냐? Ⓐ 아냐? ist wie 아니에요? oder 않습니까? Das ist die sogenannte Halbsprache, 반말. Und das fehlende 요 entspricht ebenfalls dieser „Halbsprache". Unsere B und ihr A sind nach den hundert Tagen miteinander vertraut genug, um sie zu benutzen. Ich wollte das jetzt nur mal vorkommen lassen, ohne gleich viel Aufhebens davon zu machen. Ⓠ Und du meinst, es fällt mir nicht auf? Ⓐ Das nicht, drum hab ich hier ja auch extra Platz für diesen Chat reserviert. Aber nimm das mit den fehlenden 요s einfach mal hin. Es ist an dieser Stelle kein „Lernstoff". Du kannst dir von mir aus auch gern alle 요s wieder dazuschreiben, wenn dir die Sache nicht geheuer ist. Ⓠ Na ja, ich könnte mich schon schnell dran gewöhnen, wenn da dieses ständige Schlussornament fehlt. Da klingen die Verben gleich viel glaubwürdiger. Ⓐ Tja, siehst du? Aber natürlich ist das eine extrem heikle Sache! Du kannst dir die Leute schnell verprellen, wenn du da nicht aufpasst. Ⓠ Hat man als Ausländer denn nicht ein wenig Narrenfreiheit? Ⓐ Nur bedingt, das sitzt einfach zu tief. Bestenfalls giltst du dann als 무식 無識 (ignorant). Sonst spricht man ja nur unter Kindern, Gleichaltrigen und Gleichgestellten, mit denen man sehr vertraut ist, in der Halbsprache, oder eben hierarchisch „von oben nach unten".

B *Schatz, weißt du, was heute für ein Tag ist?*
A *Haben wir denn nicht den 22. Juni?*
B *Dann weißt du auch, was das für ein Tag ist?*
A *Äh…*
B *Weißt du das wirklich nicht?*
A *Was denn? Wieso fragst du denn so, dass man Angst bekommt?*
B *Weißt du das wirklich nicht? Heute haben wir doch unseren hundertsten Tag!*

4.4.2 ## Sprachbetrachtung+Idiomatik

- 자기야

  Ein Vokativ („*Liebling!*", „*Schatz!*") von 자기 + 야 (Vokativendung)

- 며칠

  (eigentlich 몇 일): *der wievielte Tag; oder: einige Tage*

4.3.4
- ～ㄴ지 알아/아세요/아십니까

  Weißt du/Wissen sie, wie (ob) … z.B.: „오늘이 며칠인지 알아?" *Weiß du, den wievielten wir heute haben?* = „오늘이 며칠이에요? 알아요?" *Heute ist der wievielte? Weißt du (das)?*

- 아냐?

  Halbsprache für 아니예에요?, 않습니까?

- 무슨 날인데?

  Was ist es denn für ein Tag?

- 100[백]일

  „*hundert Tage*"; hier aber im Sinn von „*der hundertste Tag*". Dieser ist für Pärchen (커플 [couple]) in Korea ein wichtiger Gedenktag. Beziehungen werden in Korea nämlich oft quasi „beschlossen" und haben darum einen klaren „Anfang". Man einigt sich sozusagen darauf, es miteinander zu versuchen. Die ersten hundert Tage einer solchen Beziehung können sehr unterschiedlich weit (unter Umständen also in westlichen Augen auch erstaunlich wenig weit) führen.

- 이잖아

  die Nuance von 이잖아요 gegenüber dem neutralen „이에요" wäre auf Deutsch mit „*doch*" wiederzugeben (im Sinne einer Vorhaltung bzw. eines Erinnerns und Um-Einverständnis-Heischens; hier ein Vorwurf)

글쎄 *naja. ähm* 무섭게 *furchteinflößend. beängstigend* 진짜 *wirklich. echt*

Feiertage

Übung / 연습

4.4.3

보기 A 오늘이 며칠인지 아세요? *Wissen Sie, was heute für ein Tag ist?*

B 12월 24 일 아니에요? *Haben wir denn nicht den 24. Dezember?*

A 그럼 무슨 날인지도 아세요? *Dann wissen Sie auch, was das für ein Tag ist?*

B 크리스마스 아니에요? *Nicht Weihnachten?*

A 네, 맞아요. *Ja, stimmt.*

a) 부처님 오신 날 c) 어린이날 e) 현충일 g) 개천절

b) 추석 秋夕 d) 설날 f) 광복절 h) 신정

 Geburtstage

Übung / 연습

4.4.4

Frag nach dem Geburtstag dieser Prominenten:

보기 A 싸이의 생일 언제예요? *Wann hat PSY Geburtstag?*

B 12월 31일이에요. *Am 31. Dezember.*

A 그 사람(의) 나이(가) 지금(1.10.2013) 어떻게 되는데요? *Wie alt ist er denn jetzt?*

B 36[서른여섯]이에요. *Er ist 36.*

이원복   박노자   박완서   박지성   최민식   박재상

Park Jae-Sang (* 31. Dezember 1977) ist ein südkoreanischer Musiker, der unter seinem Künstlernamen PSY (Hangul: 싸이) 2012 mit seinem Song „Gangnam Style" weltberühmt und YouTube-Weltrekordler geworden ist.

Choi Min-sik (* 22. Januar 1962) ist ein koreanischer Schauspieler. 2003 spielte er im Rachethriller *Oldboy* einen Mann, der scheinbar grundlos entführt und fünfzehn Jahre gefangen gehalten wird. Dieser Film gewann in Cannes den Grand Prix.

Rhie Won-bok (* 4 Okt. 1946) ist ein koreanischer Cartoonist. Er hat für seine Nationen-Serie auch ein Cartoon-Buch über Deutschland verfasst. Sein Buch über die koreanische Mentalität ist 2002 in englischer Übersetzung unter dem Titel „Korea Unmasked" erschienen.

Park Ji-sung (* 25. Februar 1981) ist ein südkoreanischer Fußballspieler. Er spielte für Manchester United und war damit der bisher wohl erfolgreichste koreanische Fußballlegiemär. Seit 2012 steht erbei Queens Park Rangers in der englischen Premier League unter Vertrag.

Pak Wanso (auch Park Wan-suh, Park Wan-seo oder Bak Wan-seo; * 20. Oktober 1931, † 22. Januar 2011) war eine südkoreanische Schriftstellerin. Pak Wanso gehört zu den bedeutendsten und am meisten gelesenen Schriftstellerinnen Südkoreas. Einige ihrer Romane und Erzählungen sind auch ins Deutsche übersetzt.

Park No-ja (* 5. Februar, 1973) ist gebürtiger Russe mit (seit 2001) südkoreanischer Staatsbürgerschaft. Seinen westlichen Namen Vladimir Tikhonov verwendet er aber nach wie vor. Er ist derzeit Professor für Koreanologie in Oslo. In Korea hat er sich als Publizist (mit Büchern und regelmäßigen Kolumnen in koreanischer Sprache) einen Namen gemacht.

Wie alt ist er/sie?

그 사람 나이가 몇인데요/몇이에요? *Oder* 그 사람 나이가 어떻게 되는데요/돼요?

Mache Kurzdialoge wie im Beispiel:

4.4.5

보기 A B씨는 몇 살입니까? *Wie alt sind Sie?*

B 21 (스물한) 살입니다. *Ich bin 21 (Jahre alt).*

A 생일은 언제입니까? *Wann ist Ihr Geburtstag?*

B 생일은 5월 30일입니다. *Mein Geburtstag ist am 30. Mai.*

Da fährt ein 아저씨 *ein „Onkel", also ein Mann* eines Tages in schöner Landschaft mit dem Auto gemütlich dahin und wird irgendwann, 드라이브하다가 *beim Drive-Machen, beim Fahren also* müde. Also will er 낮잠을 자다 *ein Nickerchen [„Tag-Schlaf"] halten*. Er stellt seine Sitzlehne so, dass er bequem liegen kann, legt die Füße aufs Armaturenbrett und schließt die Augen. Da, in dem Moment klopft ein Bauer heftig ans Fenster:

"지금 몇 시쯤 되었습니까?" *„Wie spät ist es jetzt circa?"*

Unser Mann reibt sich die Augen, blickt auf die Uhr und gibt Bescheid:

"오후 2시입니다." *„Zwei Uhr nachmittag."*

Dann macht er wieder die Augen zu. Er ist fast schon im Land der Träume, da klopft ein Radfahrer ans Fenster:

"실례지만 지금 몇 시인가요?" *„Verzeihung, wie spät haben wir jetzt [„ ... ist es wohl?", „... mag es jetzt sein?"]?"*

Unser Mann rappelt sich hoch, in ihm steigt der Zorn auf, aber er beherrscht sich, schaut auf die Uhr und teilt mit:

"2시 5분 되었습니다." *„Fünf nach zwei."*

Der Mann ist jetzt verzweifelt. Hat er noch eine Chance auf ein bisschen Schlaf? Da fällt ihm etwas ein. Er schreibt groß auf ein Blatt Papier, das er dann gut sichtbar unter die Windschutzscheibe legt:

"나는 시계가 없음." *„Ich habe keine Uhr."*

Nun lehnt er sich zurück und entspannt sich und schläft ein oder wäre nun wirklich fast eingeschlafen, wenn nicht im letzten Moment zwischen Wachen und Schlafen noch jemand ans Fenster geklopft und ins Auto hineingeschrien hätte:

"지금 2시 10분이에요!" *„Jetzt ist es 2 Uhr 10."*

5

하루일과
Tagesabläufe

Ein Tagesablauf 하루일과

5.1.1

Zur Situation

Der Wiener Koreanologiestudent Norbert steht am Beginn einer hoffentlich wunderbaren Brieffreundschaft. Gleich im zweiten Brief will Jimin (지민) von Norbert geschildert bekommen, wie er so wohnt und wie ein typischer Tag bei ihm abläuft. Also legt sich Norbert ins Zeug und versucht, Pluspunkte zu sammeln.
Ob er das aber geschickt anstellt?

Ich lebe mit meinen Eltern in Wien, im 2. Bezirk. Unsere Wohnung befindet sich im ersten Stock. Im Erdgeschoss ist der Nakwon Supermarkt. Dort haben sie [verkauft man] sogar Choco-Pies!
Normalerweise stehe ich in der Früh um halb acht Uhr auf. Im Badezimmer nehme ich zuerst eine Dusche. Meine Mutter bereitet in der Küche das Frühstück vor. Ich für meine Person esse am Morgen nicht viel. Trinke fast nur Kaffee. Mein Vater (hingegen) frühstückt viel. Und er liest immer fleißig die Zeitung. Reden tut er nicht viel. Das ist mir ganz recht. Ich kann mit ihm sowieso nicht gut reden. Um halb neun breche ich zur Uni auf. Ich gehe gern zu Fuß. Die U-Bahn nehme ich selten. Unser Institut befindet sich im 9. Bezirk. Zu Fuß dauert es zum Institut 30 Minuten. Mein Hauptfach ist Koreanologie. Das ist der Einfluss vom Nakwon :) Im Seminarraum nehme ich mit meinen Freunden an einem Sprachkurs teil. Mein Mittagessen esse ich am Campus. Am Nachmittag lerne ich in der Bibliothek des Ostasieninstituts. Fleißig lernen tu ich nicht. Darum bin ich (auch) nicht gut in Koreanisch. Ungefähr um sechs gehe ich nach Hause. Ich esse zusammen mit den Eltern zu Abend. Dann lese ich Mangas. Fernsehen tue ich fast nie. Meistens gehe ich spät schlafen. Ein langweiliges Leben. Geld hab ich praktisch keins. Darum kann ich kaum je was unternehmen.

지민씨, 안녕하세요?

저는 비엔나 2구에서 부모님과 함께 삽니다. 우리 집은 2층에 있습니다. 건물 1층에는 낙원슈퍼가 있습니다. 거기에는 초코파이도 팔아요. ^^
저는 보통 아침 7시 반에 일어납니다. 일어나서 제일 먼저 욕실에서 샤워를 합니다. 엄마는 부엌에서 아침을 준비하십니다. 저는 아침을 많이 안 먹습니다. 거의 커피만 마십니다. 아버지는 아침을 많이 드십니다. 그리고 항상 열심히 신문을 읽으십니다. 말씀을 거의 안하십니다. 저는 괜찮습니다. 어차피 아버지랑 대화가 잘 안됩니다. ^^ 8시 반에 학교에 갑니다. 저는 걷기를 좋아합니다. 지하철은 잘 안 탑니다. 우리 학교는 9구에 있습니다. 학교까지 걸어서 30분쯤 걸립니다. 저는 한국학을 전공합니다. 낙원슈퍼의 영향입니다. ㅎㅎ 강의실에서 친구들과 함께 한국어 수업을 듣습니다. 점심은 캠퍼스에서 먹습니다. 오후에는 동아시아학과 도서관에서 공부를 합니다. 열심히 안 합니다. ^^; 그래서 한국어를 잘 못 합니다. 6시 정도에 집에 돌아옵니다. 부모님이랑 같이 저녁을 먹습니다. 그 다음에 만화책을 봅니다. TV는 잘 안 봅니다. 보통 늦게 잡니다. 따분한 인생입니다. 돈이 별로 없습니다. 그래서 잘 못 놉니다. ㅋㅋ

Q Anscheinend trennen die Koreaner Wörter einfach sang- und klanglos ab, oder? **A** Ja, aber daran wirst du dich schnell gewöhnen.

5.1.2 ## Sprachbetrachtung+Idiomatik

• 나는 비엔나 2구에서 부모님과 함께 살아요.

aber auch 나는 비엔나 2구에 살아요. Erklärung: Für manche Verben wie 살다, 머무르다, 체류하다 können sowohl 에 als auch 에서 verwendet werden. 나는 비엔나 2구에 살아요. Auf Deutsch *„Ich lebe in Wien im 2. Bezirk."* Auf Koreanisch ist die Reihung 나는 서울(의) 중구에(서) 살아요.

> Koreaner zählen die Geschosse anders als wir. Den Begriff Erdgeschoss gibt es nicht, es ist bereits der „erste Stock" genannt. Unser erster ist dann der zweite und so weiter.

비엔나 *Vienna* *Wien*	구 區 *Bezirk*	부모父母님 *Eltern*	~와/과 함께 *mit ~ zusammen*
	건물 建物 *Gebäude*	1층 1層 *Erdgeschoss*	층 層 *Stock. Geschoss*

● 초코파이

beliebte weiche Kuchen, mit Schokolade überzogen; wird von südkoreanischen Aktivisten gern per Ballon als süßer Gruß nach Nordkorea geschickt, um die Akzeptanz der Flugblätter zu verbessern.

● 일어나서 제일 먼저

Nach dem Aufstehen ganz als erstes

● 아버지랑은

Die „Topikalisierung" mit 은 betont hier: „was (das Reden mit dem) Vater angeht"; mit dem anderen habe ich kein Problem

● 우리 학교

„unsere Schule" (hier aber Uni, da 대학교 *umgangssprachlich auch oft zu* 학교 *verkürzt wird)* – Wenn Koreaner von „Kollektivbesitz" sprechen, verwenden sie lieber ein „unser" als ein „mein". Kollektive sind zum Beispiel Klassengemeinschaften, die Familie, das Vaterland oder Firmen. Daher immer *„unsere Wohnung / unser Haus"* 우리 집, *„unsere Familie"* 우리 가족. Selbst 우리 신랑 *„unser Gatte"* ist durchaus gebräuchlich, da der Vater der ganzen Familie „gehört".

● 아침에는… 점심은… 오후에는…

Diese Sätze beginnen alle mit der Themapartikel. Warum ist das so? Der Grund ist die Kontrastierung, die man mit 는/은 erreichen kann. Das „아침에는" greift gewissermaßen schon gedanklich auf die ganze Abfolge vor: *am Morgen ist es so-und-so, zu Mittag …, am Abend …*

● 수업을 듣습니다

Eine akademische Lehrveranstaltung ist 수업, also Unterricht, oder, spezieller, 강의; statt „besuchen" sagt man eher 듣다, also *wörtlich „hören"*.

● ^^ und ^^;

^^ entspricht einem deutschen :-) oder :). Hier handelt es sich also um den einfachsten Basis-Smiley, der universal Anwendung findet, auch zum Andeuten eines Augenzwinkerns. Während unserer an ein Gesicht mit lächelndem Mund erinnert, lässt der ostasiatische Smiley an vergnügt zusammengekniffene Augen denken. ^^; ist ein in Korea gängiger Smiley, für den wir keine rechte Entsprechung haben, zumindest nicht im bei uns üblichen Repertoire. Der Strichpunkt steht für „rinnenden Schweiß", und das ^^ ist nun nicht mehr einfach vergnügt, sondern das gewisse ostasiatische Lächeln in der Verlegenheit. Hier deutet dieser Smiley also das schlechte Gewissen des Schreibers an: „Ich bin nicht fleißig." Ein bloßes ^^ würde einfach einen unangefochtenen frechen Stolz zum Ausdruck bringen: Ich bin nicht fleißig, und das ist auch gut so. Der Strichpunkt macht die Aussage differenzierter und charmanter.

● 잘 못 놉니다

Wenn ein Wort schwer zu übersetzen ist, weist das u.U. darauf hin, dass es etwas für die Menschen der Sprachgemeinschaft besonders Wichtiges bezeichnet. „놀다" wird oft mit „spielen" wiedergegeben, hat aber ein viel weiteres Bedeutungsspektrum: ausgehen, etwas unternehmen (im Sinn einer Freizeitunternehmung), Spaß haben, sich amüsieren, oder (anstatt zu arbeiten) einfach mit Freunden trinken und scherzen. Aber auch nur allein einen Nachmittag verbummeln kann „놀다" sein. Mit „같이 놀자" könnte ein Kind das andere rufen, um auf den Spielplatz zu gehen oder auch nur durch die Gassen zu streunen. 잘 못 놉니다/놀아요 heißt übrigens an sich eher *„Ich bin (Er/Sie ist) nicht sehr gesellig"*. Es geht also um die Eignung für Spaß und Unterhaltung. Im Fall von Norbert liegt es aber nur am Geld. Im Grunde wäre er ja ein lustiger Kerl.

보통 普通 *normalerweise* 　　화장실 化粧室 *Toilette* 　　일어나다 *aufstehen* 　　욕실 浴室 *Badezimmer*
샤워를 하다 *duschen* 　　준비準備(를) 하다 *vorbereiten* 　　~만 *nur* 　　걸어서 *zu Fuß* 　　쯤 *circa. ungefähr*
영향 影響 *Einfluss* 　　강의 講義 *Kurs. Vorlesung* 　　교실 教室 *Klasse. Unterrichtsraum* 　　캠퍼스 campus *Campus*
학과 學課 *Institut* 　　공부工夫(를)하다 *studieren. lernen* 　　돌아가다 *zurückgehen. zurückkehren*
따분 *(Adj.) langweilig. eintönig* 　　놀다 *spielen. fortgehen. Spaß haben*

Richtungsangabe mit 에   **Grammatik / 문법**

5.1.3

8시에 학교에 갑니다.

5.1.1

Die Partikel oder Postposition 에 kann nicht nur den Ort bezeichnen, sondern auch die Richtung. In der Übersetzung würden dem die Präpositionen „in", „zu" oder „nach" entsprechen.

예   A: 어디에 갑니까? *Wohin gehen Sie?*
       B: 시내에 갑니다. *Ich gehe in die Stadt (ins Stadtzentrum).*

언제 한국에 옵니까? *Wann kommen Sie nach Korea?*

Zu unterscheiden ist: während 에서 den Ausgangsort bezeichnet, bezeichnet 에 (in seiner Funktion als Richtungs-Partikel) den Ankunftsort.

예   길동 씨가 오스트리아에 왔어요. *Kil-Dong ist nach Österreich gekommen / in Ö. angekommen.*
      길동 씨가 오스트리아에서 왔어요. *Kil-Dong kommt aus Ö. [Wörtl.: Kil-Dong ist aus Ö. gekommen.]*

genau genommen

In der Praxis fällt 에 oft auch weg:
8시에 학교 갑니다.
어디 갑니까? – 시내 갑니다.

Angabe des Handlungsortes mit 에서   **Grammatik / 문법**

5.1.4

부엌에서 아침을 준비합니다.

에서 markiert den Ort einer Handlung, während 에 ja primär nur das lokale Sich-wo-Befinden markiert. Hier an dieser Stelle soll es nicht um den Fall von 에서 als Markierung für einen Ausgangspunkt gehen (in diesem Fall wäre 에서 mit „von" oder „aus" zu übersetzen).

예   집에서 요리를 합니다. *[Ich] koche zu Hause.*
      회사에서 일합니다. *[Ich] arbeite in der Firma.*
      카페에서 친구를 만납니다. *[Ich] treffe einen Freund im Café.*

에	에서
언제 집에 계세요? *Wann sind Sie zu Hause?* 사람들이 콘서트홀에 많이 모여 있습니다. *Die Menschen sind in der Konzerthalle zahlreich versammelt.* 비엔나에 박물관이 많습니다. *In Wien gibt es viele Museen.*	오늘 오후에는 어디에서 뭘 합니까? *Wo macht [er/sie] heute Nachmittag was? / Wo passiert heute Nachmittag was?* 우리 내일 열두 시에 서울역에서 만납니다. *Morgen um 12 treffen wir uns am Bahnhof Seoul.* 저는 보통 집에서 아침 식사를 합니다. *Ich frühstücke normalerweise zu Hause.*

시내 市內 *Innenstadt. Stadtzentrum*   요리料理(를)하다 *Essen zubereiten. kochen. backen*
회사 會社 *Firma*   일하다 *arbeiten*   카페 *fr. café Café*

etwas wo machen

a) Was passt zusammen?

학교	숙제하다
집	지하철/타다
백화점	기도하다
식당	공부하다
헬스클럽	스파게티/먹다
성당	아르바이트/하다
홍대역	운동하다

b) Bilde Sätze: 보기 학교에서 공부합니다. *Ich lerne in der Schule.*

c) Was macht man zu Hause? Schreib und sprich:

보기 집에서는 쉽니다. *Zu Hause ruht man sich aus.*

집에서는 ……….

Q Moment, wie sagt denn „man"? A Das muss nicht ausgedrückt werden. Der Kontext kann ausreichend klar machen, dass es sich bei „집에서는 쉽니다." um eine allgemeinen Aussage handelt.

Unterschied zwischen 에 und 에서

나는 지금 집　　　있습니다. 집　　　텔레비전을 봅니다. 누나는 소파　　　책을 읽습니다. 저녁

우리 식구 다 거실　　　모여 있습니다.

어머니만 부엌　　　요리를 합니다. 나는 부엌　　　갑니다.

부엌　　　어머니를 돕습니다.

Q Warum sagt man nicht 소파에서 앉다? A Oje. Aber von mir aus: Erstens ist 앉다 (sich setzen; sitzen) sowieso keine klassische „Handlung". Q „Sich-Setzen" vielleicht schon. A Zugegeben. Das Sitzen selber ist allerdings eher ein Zustand, und da verwendet man ohnedies die Verlaufsform* 앉아 있다. Zweitens ist die Unterscheidung 에 und 에서 manchmal recht subtil, wie man hier sieht: Man könnte 소파에서 앉다 nämlich durchaus sagen. Aber damit würde man das Bild einer Person evozieren, die mit beiden Füßen auf einem Sofa *steht*, um dann darauf Platz zu nehmen. Das Sofa wäre also dann tatsächlich der Ort, an dem eine Handlung passiert (das Sich-Setzen). Aber das wäre doch ein eher kurioser Fall. Q Dann funktioniert die Schulgrammatik ja doch nicht so schlecht? A So gesehen ist das Kriterium „Handlung" richtig, die Handlung muss aber auch wirklich an dem bestimmten Ort erfolgen, erst dann ist die Markierung „에서" fällig. Nehmen wir ein anderes Beispiel: 수험생들이 운동장에 모인다. „Die Schüler versammeln sich am Sportplatz." Bei diesem Satz stellt man sich vor, dass der Sportplatz der Treffpunkt ist. Die Schüler kommen von zu Hause und finden sich alle am Sportplatz ein. Du könntest durchaus auch sagen „수험생들이 운동장에서 모인다", aber damit würdest du ein anderes Bild evozieren: Die Schüler waren schon die ganze Zeit dort am Sportplatz, aber vielleicht in Gruppen hier und dort, und jetzt plötzlich findet eine Art Vergatterung statt (weil z.B. der Lehrer mit dem Trillerpfeife das Kommando dazu gegeben hat). Q Bei „에서" muss sich die ganze Sache also am Sportplatz abspielen. Und bei „에" treffen die Schüler zur Versammlung erst dort ein, richtig? A Ja, es ist also wie beim Sich-auf-das-Sofa-Setzen: da ist das Sofa normalerweise auch das Ziel. Man steht ja nicht schon darauf, ehe man sich am Sofa niederlässt. Q Normalerweise nicht. Und bei „수험생들이 운동장에 모인다" ist der Sportplatz eben das Ziel, nicht wahr? A Genau. Diese Unterscheidung lässt sich auch schön zeigen im Satz „김씨는 독일에 살아 (Kim lebt in Deutschland)". An sich meint dieses „leben" hier ja nichts weiter als ein „wohnen". Ginge es nun aus einem irgendeinem Grund darum, das „leben" als eine Art Tätigkeit hervorzuheben (à la: Kim praktiziert seine Kunst zu leben in Deutschland), dann müsste man sagen: „김씨는 독일에서 살아요." Aber das wäre sehr auffällig.

> Wie bei manchen anderen Verwandtschaftbezeichnungen auch wird 누나 nicht nur für die tatsächliche (blutsverwandte) ältere Schwester verwendet. Es ist auch eine vertrauliche Anrede, mit der man als Mann eine Frau anreden kann, die älter ist als man selber.

숙제宿題(를)하다 *Hausübung machen*　　지하철 地下鐵 *U-Bahn*　　타다 *einsteigen, fahren*　　백화점 百貨店 *Kaufhaus*
기도祈禱하다 *beten*　　헬스클럽 health club *Fitnesscenter*　　스파게티 it. spaghetti *Spaghetti*
성당 聖堂 *Kirche*　　아르바이트 dt. Arbeit *Teilzeitarbeit. Nebenjob*　　운동運動하다 *Sport machen*
쉬다 *entspannen. sich ausruhen. sich erholen*　　누나 *ältere Schwester (nur aus männlicher Perspektive)*
소파 sofa *Sofa. Bank*　　책 冊 *Buch*　　식구 食口 *Familie*　　다 *alle, zusammen*
거실 居室 *Wohnzimmer*　　모여있다 *versammelt sein*　　돕다 *helfen*

Nominalverbindung 과/와 함께　　　　　　　　　　　　**Grammatik / 문법**

5.1.7

저는 부모님과 함께 삽니다. *Ich lebe mit meinen Eltern zusammen.*

Mit „과 함께" wird ein sogenannter Handlungsteilnehmer markiert, „mit" dem „zusammen" man etwas tut bzw. etwas geschieht

예 저는 오늘 저녁에 친구와 함께 영화를 봅니다. *Ich sehe mir heute Abend mit einem Freund zusammen einen Film an.*
오미는 친구와 함께 운동을 자주 한다. *O-Mi treibt oft mit einem Freund/einer Freundin/Freunden zusammen Sport.*
당신은 주말을 가족과 함께 보내십니까? *Verbringen Sie das Wochenende mit der Familie?*
이번 여름 휴가는 가족과 함께 집에서 지냅니다. *Diesen Sommerurlaub verbringe ich daheim mit meiner Familie.*

Verneinungen mit 안　　　　　　　　　　　　　　　**Grammatik / 문법**

5.1.8

빵은 안 먹습니다. *Brot esse ich nicht / essen wir nicht / isst er/sie/es nicht.*

Alle Tätigkeitsverben kann man mit 안 verneinen. Dabei geht es darum, dass jemand etwas willentlich, mit Absicht nicht macht. Bei Zustandsverben klingt die Verneinung mit 안 oft unnatürlich (weil es hier keinen Spielraum für eine Absicht gibt). Z.B. 많지 않다 (nicht viel sein), besser als *안 많다; 적지 않다 (nicht wenig sein), besser als *안 적다. Bei Eigenschaftsverben wie 어렵다 (schwer sein), 쉽다 (leicht sein), 아름답다 (schön sein), 덥다 (heiß sein), 예쁘다 (hübsch/schön sein), 춥다 (kalt sein) kann in der Verneinung allerdings durchaus auch 안 verwendet werden. Impliziert ist damit oft eine persönliche Empfindung bzw. Einschätzung. 안 추우세요? Ist Ihnen nicht kalt? 안 어려우세요? Finden Sie das nicht schwer? Fällt Ihnen das nicht schwer? 춥지 않으세요? oder 어렵지 않으세요? geht allerdings genauso.
Ausnahmen: 이다 (nicht 안 이다, sondern 아니다) und 있다 (Verneinung mit 없다).

예 저는 이번 휴가에 한국에 안 갑니다. *Ich fahre dieses Mal in den Ferien / im Urlaub nicht nach Korea.*
저는 책을 별로 안 읽습니다. *Ich lese nicht viel.*
난 채식주의자 입니다. 고기를 안 먹어요. *Ich bin Vegetarier. Fleisch esse ich nicht.*

　　　　　　　　　　　　　　　　　　　　　　Übung / 연습

5.1.9

Verneine die Sätze:

보기 저는 오늘 저녁에 영화를 봅니다.　　　　　저는 오늘 저녁에 영화를 안 봅니다.
Heute Abend schaue ich mir einen Film an.　　*Heute Abend schaue ich mir keinen Film an.*

재미 있어요.　　　　　　　　　　　　　　재미 없어요.
Es ist lustig/interessant.　　　　　　　　*Es macht keinen Spaß/ ist langweilig.*

> Schulferien oder Semesterferien sind 방학放學, nicht 휴가. Als Fremdwort hat auch das französische „vacance" Eingang in den koreanischen Sprachschatz gefunden: 바캉스.

자주 *oft*　　가족 家族 *Familie*　　지내다 *verbringen*　　여름 *Sommer*　　휴가 休暇 *Urlaub*
　　　　　　　　　　　　　　　　　　안 *nicht*　　별로 別로 +|*Verneinung* *nicht besonders*

저는 이번 주에 시험을 봅니다.   저는

우리는 내일 운동을 합니다.

누나는 지금 집에 있어요.

이 번 여름에 아르바이트를 합니다.

아버지는 우체국에 갑니다.

친구는 부모님과 함께 삽니다.

어머니는 음악회에 갑니다.

Übung / 연습

5.1.10

Verbinde die Sätze

보기 핸드폰이 울려요. 전화 안 받으세요? *Das Telefon läutet. Heben Sie nicht ab?*

난 저녁에 만화책을 읽어요.	열심히 안 해요.
나는 배가 고파요.	전화 안 받으세요?
핸드폰이 울려요.	[당신은] 배가 안 고프세요?
난 걷기를 좋아해요.	TV는 잘 안 봐요.
난 모범생 아니에요.	지하철은 잘 안 타요.
난 운동(을) 안 해요.	그래서 뚱뚱해요.

보기 A: 추워요! *Kalt! (Mir/Es ist so kalt)* B: 왜 코트를 안 입어요? *Warum tragen Sie keinen Mantel?*

교수님 안오셨어요?	그럼 고기를 안드세요?
나는 채식주의자예요.	아직 안 오셨어요.
배가 고파요.	왜 코트를 안 입어요?
머리가 아파요.	난 몸이 좀 안 좋아요.
학교에 안 가요?	식사 안하셨어요?
추워요!	약(을) 안드셨어요?

Gedächtnisstütze

당신 *ist hier ein Platzhalter. In der direkten Rede sagt man kaum jemals* 당신 *(außer unter Eheleuten oder auch im Streit), sondern spricht das Gegenüber mit Name und/oder Titel bzw. Funktionsbezeichnung oder dgl. an, also z.B.mit* 선생님, 선배, 후배, 실장님, 작가님, 형, 할머니, 언니, 누나, 삼촌, 손님, 고객님, 안디 씨, 뮐러 씨 *(Herr Müller),* 슈스터 박사님 *(Herr Schuster) ...*

An der Universität selber reden sich Studenten meist per 형, 누나, 언니 (als Jüngere zu Älteren) oder per Namen (als Ältere zu Jüngeren) an. Absolventen gehen dann zur seonbae/hubae-Anrede über.

모범생 模範生 *Musterschüler*   그래서 *darum*   뚱뚱하다 *dick sein*   아직 *noch*   그럼 *dann. wenn das so ist*
선배 先輩 *„Senior"*   후배 後輩 *„Junior"*   실장 室長 *AbteilungsleiterIn*   작가 作家 *SchriftstellerIn. AutorIn*
삼촌 三寸 *Onkel*   손님 *Gast*   고객 顧客 *Kunde/Kundin*   박사 博士 *Doktor*

잘 못 놉니다. *Ich kann nicht recht was unternehmen.*

Im Unterschied zu 안 impliziert das Negationswort 못, dass man bzw. jemand unfreiwillig und gezwungenermaßen etwas nicht tut, dass man etwas nicht kann.

예 저는 몸이 약해요. 씨름 못 해요.   Zum Ringen bin ich nicht geeignet.
   Ich bin körperlich schwach. Ich kann nicht ringen.
   시험 기간에는 축구를 안 해요.   Wohlweislich, weil ich genau weiß, dass meine Ergebnisse darunter leiden würden.
   In der Prüfungszeit spiele ich nicht Fußball.

예 전 독신주의자 입니다. 결혼을 안 해요. *Ich bin überzeugter Single. Ich heirate nicht.*
   전 결혼을 하고싶은데. 여자가 없어서 못 해요. *Ich möchte eigentlich heiraten, aber weil ich keine Frau (dafür) habe [„weil es keine Frau gibt"; gemeint: weil sich keine Frau zum Heiraten findet], kann ich nicht.*

guter Tip

Entschuldigt man sich für eine Unterlassung, so ist 못 oft die bessere Wahl, da 안 allzu sehr nach vorsätzlicher Unterlassung klingt. Würde man sich aber zu einer vorsätzlichen Unterlassung bekennen, könnte das 기분, das seelische Gleichgewicht, des Gegenübers verletzt werden. (Auch im Deutschen sagt man ja eher „Ich kann nicht kommen.", „Ich kann dir nicht helfen." anstatt „Ich komme nicht.", „Ich helfe dir nicht.", auch wenn man durchaus kommen oder helfen könnte.)

Kommst du nicht?   Kann nicht, bin krank.

예 감기에 걸렸어요. 그래서 냄새를 못 맡아요. *Ich habe mich erkältet. Darum kann ich nichts riechen..*

Interessant ist die Analyse der Bedeutungsunterschiede, die sich in Fällen von „Zweierwegen" auftun, bei denen sowohl 안 als auch 못 möglich wäre:

예 공포영화는 너무 무서워요. *Horrorfilme machen mir so Angst.* 그래서 공포영화를   봐요.
   안 봐요: *ich vermeide es, solche Filme anzuschauen*
   못 봐요: *ich kann solche Filme einfach nicht sehen.*

      Ich bin außer Stande, mir solche Filme anzuschauen; einen Horrorfilm anzuschauen, das geht über meine Kräfte.

돈이 없어요. *Ich habe kein Geld.* 그래서 자동차를　　　사요.

안 = *„ich kaufe mir kein Auto" im Sinn von: ich bin nicht so leichtsinnig, etwas zu kaufen, obwohl ich kein Geld habe, also z.B. Schulden zu machen*

못 = *ich bin ganz einfach nicht in der Lage*　못 wäre hier also konventioneller

술을 너무 많이 마셨어요. *Ich habe viel zu viel Alkohol getrunken.* 그래서 운전을　　　해요.

안 = *„ich fahre nicht" im Sinn von: so betrunken bin ich doch noch nicht, als daß ich so einen Blödsinn anstellen würde*

못 = *ich bin nicht in der Lage, ein Auto zu lenken*　못 wäre hier also konventioneller

Der Tagesablauf von Hoseok, Student in Korea

Übung / 연습

5.2.1

09:00　　　06:00　　　09:30 ~ 12:30

15:30 ~ 16:15　　　07:00　　　13:00

 Ordne den Bildern zu:

　　　시에 일어납니다.

　　　아침을 먹습니다.

　　　학교에 도착합니다.

　　　부터　　　까지 수업을 듣습니다.

　　　점심을 먹습니다.

　　　부터　　　까지 잔디밭에서 쉽니다.

Ordne die Vokabeln den Bildern zu.

일어납니다.   엄마와 함께 텔레비전을 봅니다.
수업을 듣습니다.   카페에서 친구를 만납니다.
점심을 먹습니다.   집에 돌아옵니다.
잠을 잡니다.   어머니와 함께 저녁식사를 합니다.
자러 갑니다.   빵을 먹습니다.
공부를 합니다.   잔디밭에서 쉽니다.
샤워를 합니다.   산책을 하러 나갑니다.

자러 가다 heißt wörtlich „zum Schlafen gehen" (also: „gehen, um zu schlafen"). Die Grammatik hinter diesem Ausdruck braucht uns hier nicht belasten, wir nehmen 자러 가다 vorerst nur als eine lexikalisierte Wendung (so wie das deutsche „schlafen gehen" eben) wahr.

그 다음에 *danach*   도착到着하다 *ankommen*   점심식사點心食事를 하다 *zu Mittag essen*
잠자리 *Bett*   들다 *hineingehen, eintreten*   다시 *wieder*   저녁식사를 하다 *zu Abend essen*
산책散策을 가다 *spazieren*   나가다 *(hin)ausgehen*   자러 가다 *schlafen gehen*

Hör mit, schreib die Uhrzeiten unter die Bilder und fülle den folgenden Lückentext aus:

분에 일어납니다. 샤워를 합니다. 그 다음에 아침을 먹습니다. 시에 집에서 나갑니다. 분에 학교에 도착합니다. 시 분부터 시까지 강의를 듣습니다. 시 분에 점심을 먹습니다. 시 분에는 친구와 커피숍에 갑니다. 시 분부터 다시 공부를 합니다. 시부터 시 반까지 Campus 잔디밭에서 쉽니다. 시 십오 분에는 집에 옵니다. 시 분에 어머니와 저녁을 먹습니다. 시 분에는 산책을 나갑니다. 시부터 시 사십오 분까지 영화를 (텔레비전을) 봅니다. 시에 자러 갑니다.

 ## Der Tagesablauf eines Angestellten

 Ordne an:

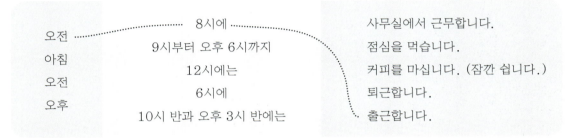

오전		8시에	사무실에서 근무합니다.
아침		9시부터 오후 6시까지	점심을 먹습니다.
오전		12시에는	커피를 마십니다. (잠깐 쉽니다.)
오후		6시에	퇴근합니다.
		10시 반과 오후 3시 반에는	출근합니다.

보기 아침 8시에 출근합니다. *Um 8 Uhr mache ich mich auf den Weg zur Arbeit.*

08:00
출근

09:00 ~ 18:00
근무

12:00
점심식사

10:30, 15:30
휴식시간

18:00
퇴근

출근 出勤 *Fahrt in die Arbeit*   사무실 事務室 *Büro*   근무 勤務 *Dienst. Arbeit.*
퇴근 退勤 *Rückkehr aus der Arbeit*   휴식 시간 休息 時間 *Pausenzeit*

Wann tust du was? Übung / 연습

5.2.4

Frage deinen Nachbarn auf Koreanisch nach seinem Tagesablauf. Benutze die Ausdrücke, die du gelernt hast.

> **보기** 몇 시에 일어납니까?
> 7시에 일어납니다.

Der Tagesablauf des koreanischen Auslandsstudenten K Übung / 연습

5.2.5

한국 유학생 K의 하루 일과

a) 부엌에서 아침을 먹어요.   f) 오후에 헬스장에 가요.
b) 12시 정도에 잠자리에 들어요.   g) 그 후에 샤워를 해요.
c) K씨는 8시 반에 일어나요.   h) 6시에 집에 돌아와요.
d) 학교에서 오후 3시까지 공부를 해요. i) 10시에 학교에 가요.
e) 밤에 텔레비전을 봐요.   j) 거기서 7시에 저녁 식사를 해요.

Bringe die Sätze in die richtige Reihenfolge.

1. c   2.   3.   4.   5.
6.   7.   8.   9.   10.

Die Konverbalform – Verbstamm + 아/어 Grammatik / 문법

5.3.1

그 후에 샤워를 해요. *Danach duscht er sich.*

해요 ist die informelle Höflichkeitsstufe von 하다 (합니다, 하세요). Die informelle Höflichkeitsstufe ist die häufigste Form im heutigen gesprochenen Koreanisch. Sie wird unter Studenten und Bekannten, gegenüber älteren Freunden, aber auch unter Kollegen oder im informellen Gespräch mit Fremden benutzt. Wie wird aus 하다 aber 해요? Wie entsteht dieser „Ablaut" von 하 auf 해? Die Nennform (Wörterbuchform) der Verben, die auf -다 endet, ist nur eine Grundform, sie verrät uns den „Stamm", fast genauso wichtig ist aber die zweite Grundform, die Konverbalform.
Die Konverbalform (KVF) wird auch zur Bildung der für das Koreanische sehr charakteristischen Verbindungen zweier Verben verwendet (von dieser Funktion leitet sich die Bezeichnung her). Manche Verben begegnen uns fast nur in Zusammensetzung.
Beispiele für solche Verbindungen wären etwa:

하다 (tun)	+	보다 (sehen)	해보다 (probieren)
하다 (tun)	+	주다 (geben)	해주다 (für jemanden tun)
좋다 (gut sein)	+	하다 (tun)	좋아하다 (mögen)
갈다 (wechseln)	+	입다 (anziehen)	갈아입다 (sich umziehen)

일과 *Tagesablauf*   밤 *Nacht*   헬스장 *health*+場 *Fitnesscenter*

Allein (ohne Endung und ohne Verbindung mit einem weiteren Verb) ergibt die KVF die „Halbsprache" (반말), die man unter Freunden benutzt, aber auch gegenüber wesentlich jüngeren Personen (und selbstverständlich, so prekär dies klingt, gegenüber sozial wesentlich tiefer stehenden Personen) benutzen kann.

Wie wird die Konverbalform gebildet? Versuchen wir die Regel abzuleiten:

1. Aus 받다 (bekommen), 알다 (wissen), 작다 (klein sein), 좋다 (gut sein), 높다 (hoch sein) wird 받아, 알아, 작아, 좋아, 높아

Nennform	Konverbalform	Informelle Höflichkeitsform
작다 (klein sein)	작아	
받다 (bekommen)	받아	
닫다 (schließen)	닫아	
팔다 (verkaufen)	팔아	
살다 (leben)	살아	+요
날다 (fliegen)	날아	
돌다 (drehen)	돌아	
좋다 (gut sein)	좋아	
몰다 (steuern)	몰아	

Bekommen also alle Verben, die ein 아 oder 오 oder 애 im Verbstamm haben, ein „아"? Ja, allerdings kommt es bei Verben, deren Vokalstamm vokalisch endet, oft zu einer Tilgung dieses „아"s bzw. zu einer „Verschleifung".

예 ▶ Aus 가다 (gehen) wird nicht 가아, sondern letztlich nur „가".
Aus 오다 (kommen) und 보다 (sehen) wird nicht „오아" und „보아", sondern letztlich „와" und „봐".
Aus 하다 (machen) wird nicht 하아, sondern 해!

2. Aus 먹다 (essen), 읽다 (lesen), … wird 먹어, 읽어

Die Regel lautet hier: 어 ist die Endung der Konverbalform bei den Verben, die kein 아, 오 oder 애 im Verbstamm haben.
Auch hier sind Verschleifungen zu beachten! Beispiele:

예 ▶ Aus 쓰다 (schreiben, benutzen) wird nicht 쓰어, sondern „써".
Aus 마시다 (trinken) wird nicht 마시어, sondern 마셔!

mit anderen Worten

Zur Bildung der Konverbalform hängt man an den Verbstamm je nach Vokal der letzten Silbe 아 oder 어 an; Tilgungen oder Verschleifungen treten bei Vokalkollisionen auf.

Enthält der Verbstamm ㅏ oder ㅗ sowie ㅐ wird 아 angehängt. In allen anderen Fällen 어.

3. ALLERDINGS sind Verben mit einem „—" am Ende des Verbstamms gesondert zu betrachten:

Im Fall von mehrsilbigen Verbstämmen gibt bei einem — am Ende des Verbstamms der Vokal davor den Ausschlag. Ist dieser ㅏ oder ㅗ, sorgt das für eine Konverbalform mit 아. 바쁘다 (beschäftigt sein, viel zu tun haben) wird also 바빠 (바쁘+아 = 바빠). 나쁘다 (schlecht, böse sein) wird 나빠. In allen anderen Fällen endet die KVF auf 어. Bei einsilbigen Verbstämmen ist die Endung stets 어.

Beispiele für „Verschleifungen" (1-3) :

Nennform	Konverbalform	Informelle Höflichkeitsform
하다 (tun)	해	
가다 (gehen)	가	
보다 (sehen)	봐	+ 요
주다 (geben)	줘	
되다 (werden)	돼	

4. Sonderfälle: unregelmäßige Verben mit Verbstämmen, die auf ㄷ, ㅂ, ㅅ, ㅎ und 르 enden

- ㄷ *wird vor der Konverbalform zu* ㄹ. *Die Konverbalform selbst wird dann (nach den obigen Regeln) auf* 어 *oder* 아 *gebildet.*

Nennform	Konverbalform	Informelle Höflichkeitsform
걷다 (zu Fuß gehen)	걸어	
듣다 (hören)	들어	+요

예▶ 듣다: 듣습니다. 들어요 … „들어 봐!" *Horch zu!*
묻다: 묻습니다. 물어요 … „물어 보세요!" *Fragen Sie nur!*

ABER! Regelmäßig, obwohl der Verbstamm auf ㄷ: 닫다 schließen, 묻다 (땅에 in der Erde) begraben, 믿다 glauben, 받다 empfangen, 얻다 bekommen, erhalten

예) 닫아 봐 *Mach (es) zu! [Z.B. das Fenster.]* 믿어 줘! *Glaub mir doch!* 받아 봐! *Bittesehr!/Hier!*

- ㅂ *wird vor der Konverbalform zu* 우 *bzw., auf ein* ㅗ *folgend, zu* 오. *Die Konverbalform selbst wird dann auf* 워 *bzw.* 와 *gebildet.* ㅂ *wird vor der Konverbalform zu* 우 *bzw., auf ein* ㅗ *folgend, zu* 오. *Die Konverbalform selbst wird dann auf* 워 *bzw.* 와 *gebildet*

Nennform	Konverbalform	Informelle Höflichkeitsform
고맙다 (dankbar sein)	고마워	
반갑다 (erfreut sein)	반가워	+요
돕다 (helfen)	도와	

예▶ 가볍다: 가볍습니다. 가벼워요 … „가방이 가벼워요." *Die Tasche ist leicht.*
굽다: 굽습니다. 구워요 … „빵을 구워요." *Ich backe Brot.* „도자기를 구워요." *Ich brenne Töpferware.*

ABER! Regelmäßig, obwohl der Verbstamm auf ㅂ endet: 넓다 breit sein, 씹다 kauen, 입다 anziehen, 잡다 fangen

예) 입어 봐! *Probier mal das hier! / Zieh das an.* 잡아 봐! *Fang!*

가볍다 *leicht (Gewicht)*   굽다 *backen*   도자기 陶磁器 *Porzellan*   낫다 *besser werden*

• *Endet der Verbstamm auf ㅅ, entfällt dieses.*

Nennform	Konverbalform	Informelle Höflichkeitsform
낫다 (besser sein, heilen)	나아	+요
짓다 (bauen, formen)	지어	

(예) 낫다: 낫습니다. 나아요 … „이것이 더 나아요.“ *Das ist besser.* „빨리 나아!“ *Werd schnell wieder gesund.*

짓다: 짓습니다. 지어요 … 집을 지어요. *[Z.B. ein Kind beim Legospielen:]* „Ich baue ein Haus.“

ABER! Regelmäßig, obwohl der Verbstamm auf ㅅ endet: 웃다 lachen, 씻다 (sich) waschen, 벗다 (etwas/sich ausziehen)

예) 웃어 봐! *Lach (doch) mal!* 씻어! *Wasch dich.* 옷 벗어! *Zieh dich aus.*

• *Endet der Verbstamm auf 르, führt dies zu einer „ㄹ-Verdoppelung“. Die KVF selbst wird dann auf ㄹ라 oder ㄹ러 gebildet.*

Nennform	Konverbalform	Informelle Höflichkeitsform
다르다 (anders sein)	달라	+요
부르다 (rufen)	불러	
모르다 (nicht wissen)	몰라	
빠르다 (schnell sein)	빨라	

(예) 고르다: 고릅니다. 골라요 … „골라 봐!“ *Such was aus.*

다르다: 다릅니다. 달라요 … „달라!“ *Es ist anders.*

바르다: 바릅니다. 발라요 … „썬크림 발라 줘“ *Schmier mich bitte mit der Sonnencreme ein.*

• *Sonderfall Verbstamm auf ㅎ*

Nennform	Konverbalform	Informelle Höflichkeitsform
이렇다 (so sein, wie dieses hier)	이래	+요
그렇다 (so sein, wie das dort)	그래	
저렇다 (so sein, wie jenes dort)	저래	
어떻다 (wie sein)	어때	

그래(요) wird als Ein-Wort-Satz sehr häufig verwendet, und zwar als Zustimmung („Ja, genau, stimmt“; „Recht hast du") oder auch als Frage: „Tatsächlich?" „Wirklich?" Sehr häufig hört man auch die Frage: „왜 그래?" Koreaner sagen auf Deutsch darum gern „Warum bist du so?" Gemeint ist: „Was hast du denn?", „Was ist los mit dir?" (womit man letztlich sagen will: „Sei doch nicht so!" oder „Wie kannst du nur so sein?") Wahrscheinlich gibt es kein koreanisches Drama, in dem diese Frage (oft auch nur ein ratloser Ausruf) nicht vorkommt. Auf einen emotionalen Ausbruch, eine verrückte Aktion, aber auch auf eine durchaus berechtigte Vorhaltung reagieren die anderen gern zunächst mal mit „왜 그래?"

• *„Farb-Verben", mit Verstamm auf ㅎ*

Nennform	Konverbalform	Informelle Höflichkeitsform
하얗다 (weiß sein)	하얘	
노랗다 (gelb sein)	노래	
빨갛다 (rot sein)	빨개	
파랗다 (blau sein)	파래	+요
까맣다 (schwarz sein)	까매	

ABER! Regelmäßig, obwohl der Verbstamm auf ㅎ endet: 좋다, 많다

(예) „좋아요!“ *Gut!* „많아요.“ *(Das ist) viel.*

unregelmäßige Verben

5.4.1

Bilde Sätze:

보기 경찰관/할머니/돕다 – 경찰관이 할머니를 도와요.

🎤
a) 다니엘/한국음악/듣다
b) 나뭇잎/가볍다
c) 아버지/빵/굽다
d) 병/낫다

e) 아이/모래성/짓다
f) 친구/서점/책/고르다
g) 얼굴/선크림/바르다

Regelmäßige Verben:

h) 친구/편지/보내다
i) 동생/이메일/쓰다
j) 아저씨/집/짓다
k) 어머니/영화/보다

l) 가족/음악회/가다
m) 할머니/요리/하다
n) 누나/맥주/마시다
o) 아버지/꽃/주다

Wie oft machst du was am Tag?

5.4.2

Basis-Set:

a) 커피를 마시다
b) 화장실에 가다
c) 문자를 보내다
d) 샤워를 하다

e) 거짓말을 하다
f) 손을 씻다
g) 이를 닦다
h) 밥을 먹다

i) 물을 마시다
j) 장을 보다
k) 신문을 읽다
l) 전화를 하다

Erweiterungs-Set:

Wenn die Stimmung gut ist, sollte man auch „peinliche" Dinge zulassen:
콧구멍을 후비다 (in der Nase bohren), 방귀를 뀌다 (furzen), 엉덩이를 긁다 (sich am Hintern kratzen);
denn davon lebt das Spiel!

Q Wie bitte? „방귀를 뀌다"? Furzen? Meine koreanische Freundin empört sich, wenn ich so ein Wort verwende. Muss das wirklich in einem Lehrbuch stehen? **A** Muss nicht, aber es gibt unterschiedliche Meinungen dazu. Der Ansatz von diesem Lehrbuch ist: nicht einschränken, sondern pluralistisch sein. (Im Vorwort zu diesem Lehrbuch steht mehr zu dieser Philosophie.) Manchen Lernern hilft ein solcher Input, weil er für sie sehr authentisch ist. **Q** Authentisch? Vielleicht stimmt das. Wenn man sich eine koreanische Komödie anschaut, ist es ganz notorisch, dass irgendein Klamauk rund um die körperlichen Ausscheidungen gemacht wird, der Held bekommt Durchfall oder so, und die Koreaner scheinen dies für viel lustiger zu halten als (sagen wir der Einfachheit halber) „unsereins". **A** Eben! Ein interessanter anderer kultureller Unterschied, der dann aber in unserem Zusammenhang relevant wird, ist der, dass Koreaner oft eine sehr strikte Trennung zwischen Scherz und Ernst machen: ein Lehrbuch hat ernst zu sein, und eine Vermischung der beiden Sphären ist höchst problematisch. **Q** Leute, die so denken, gibt es doch auch bei uns. **A** Natürlich gibt es auch bei uns unterschiedliche individuelle Mentalitäten, aber im Durchschnitt dürfte es in unseren Breiten (zumindest derzeit) mehr Akzeptanz für die Idee geben, dass ein Lehrbuch nicht absichtlich, aus (vermeintlich) pädagogischen Rücksichten, bestimmte Wörter oder auch bestimmte Sprachregister, die im Alltag sehr wohl eine wichtige Rolle spielen, ausschließen muss. Hoffe ich zumindest.

경찰관 警察官 *Polizist*   할머니 *(Frau im Alter einer) Großmutter*   나뭇잎 *Blatt (eines Baumes)*   병 病 *Krankheit*
모래성 모래城 *Sandburg*   서점 書店 *Buchhandlung. Buchgeschäft*   고르다 *auswählen. aussuchen*
선크림 sun cream *Sonnencreme*   바르다 *aufstreichen. beschmieren*   보내다 *schicken: verbringen*
이메일 e-mail *E-mail*   아저씨 *Onkel*   문자 文字 *SMS: Schriftzeichen. Buchstabe*   거짓말을 하다 *lügen*
손 *Hand*   이를 닦다 *Zähne putzen*   밥 *Essen. gekochter Reis*   물 *Wasser*
장을 보다 *Lebensmittel kaufen*   전화電話(를)하다 *telefonieren*

a) Falte einen Zettel in der Mitte und breite den Zettel dann wieder vor dir aus. Schreib links vom Knick, der entstanden ist, die Tätigkeiten genau in der angegebenen Reihenfolge auf (also a ganz oben, dann b etc.). Rechts vom Knick schreibst du dazu, wie oft du die entsprechende Aktion machst.

> 이 것을 한 번도 안해요. *Das mache ich nie. („Das mache ich selbst einmal nicht.")*
> 이 것을 하루에 한 번 안해요. *Das mache ich einmal pro Tag.*
> 이 것을 자주 해요. *Das mache ich oft.*

Das sieht dann ungefähr so aus:

커피를 마시다	3번
화장실에 가다	10번
문자를 보내다	20번
샤워를 하다	1번
...	

HONNI SOIT QUI MAL Y PENSE!
Diese Übung geht zurück auf ein seinerzeit beliebtes Zeitvertreibspiel, das jedes Kind kannte, es hieß bei uns „Böhmisch beichten".

b) Schreib nun eine neue Reihenfolge der Aktionen, z.B.:

문자를 보내다	
커피를 마시다	
샤워를 하다	
화장실에 가다	
...	

 c) Dein/e Nachbar/in faltet sein Papier (von Schritt eins) und legt es mit der Hälfte, auf der die Zahlen stehen, vor sich ab. Du fragst ihn/sie entsprechend der von dir (in Schritt zwei) erstellten neuen Reihenfolge der Aktionen. Die unumstößliche Spielregel ist, dass dein/e Nachbar/in nach der Reihe mit seinen/ihren ursprünglichen, nun natürlich unpassenden Zahlen antwortet (er/sie würde also, nach unserem Beispiel, 3 Mal am Tag eine SMS senden, 10 Mal Kaffee trinken, 20 Mal duschen und 1 Mal aufs Klo gehen usw.). Danach wird der Spieß umgekehrt und du musst antworten.

 A 하루에 손을 몇 번 씻어요? *Wie oft am Tag wäschst du dir die Hände?*
　　　　B 하루에 1 [한]번 손을 씻어요. *Einmal am Tag.*

 Erkennst du die Nennform?　　　　　　　　　　　　　　**Übung / 연습**

5.4.3

 경찰관이 할머니를 도와요. 돕다　　*Der Polizist hilft der Oma.*

 온 가족이 집까지 걸어가요.　　　　　우리는 비엔나에서 살아요.

선생님이 학생을 불러요.　　　　　　아버지는 돈이 많이 있어요.

누나는 오늘 바빠요.　　　　　　　　저는 아줌마를 알아요.

우리 떡볶이 먹어요.

온 *ganz*　　　걷다 *zu Fuß gehen*　　부르다 *rufen. nennen*　　　바쁘다 *beschäftigt sein. zu tun haben*
돈 *Geld*　　아줌마 *Tante. Frau im Alter einer Tante*

5.5.1

Um 6 in der Früh hat Mama mich aufgeweckt. Sie hat mir ein Glas Wasser gegeben und mir das englische Radio aufgedreht. Ich bin ins Bad gegangen und habe mich gewaschen. Währenddessen hat Mama das Frühstück vorbereitet. Ich habe gefrühstückt. Um 7 bin ich losgefahren, um 8 Uhr in der Schule angekommen. Der Unterricht hat um halb 9 angefangen. Um halb 1 habe ich in der Mensa zu Mittag gegessen. Der letzte Unterricht hat um halb 6 geendet. Danach bin ich zum Nachhilfeinstitut gefahren. Dort habe ich Englisch und Mathematik gelernt. Um 10 Uhr in der Nacht war im Nachhilfeinstitut Schluss. Draußen hat Mama gewartet. Ich bin mit ihr nach Hause gefahren. Es war schon 11 Uhr. Zu Hause habe ich mich schnell geduscht und mein Nachtmahl gegessen. Ich bin am Esstisch eingeschlafen. Ich war zu müde. Aber Mama hat gesagt „Lern noch ein bisschen". Ich bin wütend geworden. Jetzt tue ich so, als ob ich lerne, aber schreibe in Wahrheit dieses Tagebuch.

아침 6시에 엄마가 나를 깨워 주셨다. 엄마가 물을 한 잔 주셨다. 그리고 영어 라디오를 틀어 주셨다. 나는 욕실에 들어갔다. 그리고 세수를 했다. 그 동안 엄마는 아침식사를 준비하셨다. 나는 아침을 먹었다. 나는 7시에 집에서 출발했다. 8시에 학교에 도착했다. 수업은 8시 반에 시작했다. 12시 반에 학생식당에서 점심식사를 했다. 마지막 수업은 5시 반에 끝났다. 그 다음 나는 학원에 갔다. 학원에서 영어와 수학을 배웠다. 밤 10시에 학원이 끝났다. 밖에서 엄마가 기다리셨다. 엄마와 함께 집에 돌아왔다. 벌써 11시였다. 집에서 간단히 샤워했다. 야식을 먹었다. 식탁에서 잤다. 너무 졸렸다. 그러나 엄마가 „공부 더 해!"라고 말씀하셨다. 화가 났다. 공부하는 척하면서 이 일기를 쓰고 있다.

5.5.2 **Sprachbetrachtung+Idiomatik**

- 주셨다 / 주셨어요
  Die Endung entspricht der „Berichtsform".
  Wir brauchen sie hier nur passiv verstehen.

- 깨워 주다
  깨워 주다 wecken; KVF + 주다: etwas für jemanden tun.

- „. . ."라고 말했다
  hat gesagt, dass ..."„라고" erfüllt hier die gleiche Funktion wie die deutsche Konjunktion „dass".

- 공부하는 척하면서
  Während ich so tue, als ob ich lerne, ...

 Die Vergangenheitsform ~았/었 **Grammatik / 문법**

5.5.3

소개팅(이) 어땠어?

Den Wortstamm der Vergangenheitsformen aller Verben bildet man aus der jeweiligen Konverbalform des Verbs mit einem – dies ist die eigentliche Vergangenheitsmarkierung – „ㅆ" am Ende der letzten Silbe. Auf diesen Wortstamm folgen dann die der jeweiligen Sprachstufe entsprechenden Endungen. Für die „Halbsprache" ist, da ein Wort nicht konsonantisch enden kann, nun ein 어 notwendig. Lediglich im spaßhaften Slang verzichtet man mitunter auf dieses 어 (잘 했! Gut gemacht!)

깨워 주다 *aufwecken*   영어 英語 *Englisch*   라디오 radio *Radio*   틀다 *aufdrehen. einschalten*   들어가다 *hinein-gehen. eintreten*   세수洗手를 하다 *sich waschen*   그 동안 *in der Zwischenzeit*   학생 식당 學生 食堂 *Mensa*   마지막 *letzter. zuletzt*   그 다음(에) *als nächstes. danach*   학원 學院 *Nachhilfeinstitut*   기다리다 *warten*   간단簡單히 *einfach. simpel*   야식 夜食 *Nachtmahl. Spätimbiss*   식탁 食卓 *Esstisch*   너무 *zu. sehr*   졸리다 *müde/schläfrig sein*   그러나 *aber. dennoch. trotzdem*   좀 *ein bisschen*   더 *mehr*   말하다 *sagen. sprechen*   말씀 *Wort (honor.)*   화가 나다 *wütend werden*   ~하는 척하다 *so tun. als ob*   일기 日記 *Tagebuch*

가다 gehen (Vergangenheitsstamm 갔) und 있다 existieren (Vergangenheitsstamm 있었)

Berichtsform	Stamm + 다	갔다	있었다
Halbsprache	KVF des Stamms	갔어	있었어
Informell höflich	KVF des Stamms + 요	갔어요	있었어요
Formell höflich	Stamm + 습니다	갔습니다	있었습니다

Formen ergänzen

5.5.4

Übung / 연습

Ergänze zu den folgenden Verben den Infinitiv (die Nennform), die Konverbalform und/oder die informell-höfliche Vergangenheitsform:

	Infinitiv	Konverbalform	Vergangenheitsform
leben		살아	
trinken			마셨어요
schreiben	쓰다		
sehen			봤어요
kaufen		사	

Leseverstehen

5.5.5

Übung / 연습

a) Unterstreiche im Tagebuchtext alle Verben!

b) Trag in die Tabelle ein, wann und wo (laut Tagebuch) der Schüler bzw. jemand anderer was gemacht hat:

언제? Wann?	어디? Wo?	누구? Wer?	무엇(을)? Was?
6시		엄마	나를 깨워 주셨어요

Infix 시

5.5.6

Grammatik / 문법

엄마가 물을 한잔 주셨다.

Steht das Subjekt des Satzes „höher" als der Sprecher, indem es z.B. älter oder in der sozialen Hierarchie weiter oben angesiedelt ist, so dient das Infix (으)시 als Honorificum. Es wird an den Verbstamm angehängt bzw. zwischen Verbstamm und der Endung der finiten Form eingefügt (darum eben Infix). Endet der Verbstamm vokalisch, wird 시 eingefügt, endet er konsonantisch, lautet das Infix 으시. In der Verbindung mit dem Vergangenheitsinfix ergibt sich (으)셨:

Verbstamm	Infix	Endung	Vergangenheitsinfix		
하	+시	+ㅂ니다		하십니다	합니다
			+었	하셨습니다	했습니다
읽	+으시	+ㅂ니다		읽으십니다	읽습니다
			+었	읽으셨습니다	읽었습니다

예 선생님 한국말을 가르치십니다. *Der Lehrer unterrichtet Koreanisch.*

아버지는 올해 외국에 가십니다. *Der Vater fährt dieses Jahr ins Ausland.*

5.5.7

Übung / 연습

Übertrage die Sätze, setze statt 엄마 „동생" ein und passe die Verbformen an:

보기 아침 6시에 엄마가 나를 깨워 주셨다.   아침 6시에 동생이 나를 깨워 주었다.

Q Wieso „주셨다" und nicht „주셨어요"? **A** Wir üben eben wieder die Berichtsform. Das Wesentliche ist hier ja nur das „Höflichkeits-Infix".

엄마가 물을 한잔 주셨다.

그리고 영어 라디오를 틀어 주셨다.

엄마는 아침식사를 준비하셨다.

밖에서 엄마가 기다리셨다.

엄마가 "좀더 공부해!" 라고 말씀 하셨다.

Verlaufsform ~고 있다

Grammatik / 문법

5.5.8

이 일기를 쓰고 있다.

Die Verlaufsform des Verbs (englisch: to be doing something) bildet man, indem man ~고 있다 an den Verbstamm anhängt.

예 숙제를 하고 있습니다. *Ich mache gerade (meine) Hausübung(en).*

예 A: 뭘 하고 있어요? *Was machst du gerade?*
B: 친구와 함께 쇼핑하고 있어요. *Ich bin gerade mit einer Freundin shoppen.*

Was ich gerade tue

Übung / 연습

5.5.9

Sag es auf Koreanisch:

Ich bin zu Hause am Lernen.
Ich bin in meinem Zimmer am Hausaufgaben-Machen.
Ich esse gerade im Restaurant Spagetti.
Ich bin gerade bei der Arbeit im Kaufhaus.
Ich steige gerade am Schottentor in die U-Bahn ein.
Ich trainiere gerade im Fitnesscenter.

> 학교/공부하다
> 집/숙제하다
> 식당/스파게티/먹다
> 백화점/아르바이트/하다
> 쇼텐터 역/지하철/타다
> 헬스클럽/운동하다

소개팅 어땠어? **Dialog / 대화**

5.6.1

J	소개팅이 어땠어?
A	뭐 그냥 괜찮았어.
J	로사가 마음에 들었어?
A	응, 마음에 들었어.
J	그럼, 잘 됐네 [= 됐어]. 얼마나 오래 같이 있었어?
A	2 시간.
J	와! 정말? ...

J	*Wie war das Sogaetting?*
A	*Naja, ganz okay.*
J	*Hat dir Rosa gefallen?*
A	*Ja, hat sie.*
J	*Dann ist es ja gut gelaufen. Wie lang wart ihr beisammen?*
A	*Zwei Stunden.*
J	*Na servus! Wirklich?*

좋았어   별로였어

Sprachbetrachtung+Idiomatik   5.6.2

- **어땠어**

  wie war (es); Vergangenheitsform von 어떻다, *wie/so-und-so sein.* Vgl.: 어때요/어떻습니까? (Je nach Kontext:) Wie steht es? Wie geht es? (Im Sinn von „Alles in Ordnung?") Was meinen Sie? Wie finden Sie das? Wie denken Sie darüber?

- **괜찮다**

  etwas ist recht, in Ordnung; man verwendet dieses Wort sehr gern zur höflichen Ablehnung; hier hat es den Sinn von "es (das Sogeting) war nicht schlecht."

- **마음에 들다**

  gefallen, dem Geschmack von jemandem entsprechen, schmecken; wörtlich: „*im Herzen drin sein*"; vgl.: 눈에 들다, *wörtl.: „im Auge drin sein*"; also: „(positiv) auffallen".

- **잘 되다**

  wörtlich: gut werden; gemeint ist: gut ausgehen/(vom Ergebnis her) gut sein; Koreaner sagen im Deutschen gern „Und, wie ist es geworden?", womit sie meinen: „Und, was war?", „Und, wie war's?", „Wie ist die Geschichte ausgegangen?"; sie denken dabei an die koreanische Frage: "어떻게 되었어?", die man immer dann stellt, wenn man neugierig ist, wie eine Sache, deren Entwicklung man verfolgt hat, nun ausgegangen ist.

소개팅 : ein arrangiertes „blind date". Konglish aus 소개 + engl. „-ting" (wie in meeting)
소개 : Vorstellung/Empfehlung/Einführung. Ein sinokoreanisches Kompositum aus: 이을 소 (紹) „verbinden", darum der Faden (糸) im Zeichen; die Kombination aus Messer und Mund (召) gibt die Lautung an und 낄 개 (介) „vermitteln"; oben ein Mensch 人, der zwischen zwei (二) Seiten vermittelt].
시간 : (時間) Zeit. Ein sinokoreanisches Kompositum aus Zeit 時 [die Sonne (日) liefert die Andeutung der Bedeutung, der Tempel (寺) gibt den Laut, also die Lesung (시) an] und Zwischenraum (間) [eine Sonne (日) in einer (zweiflügeligen) Tür 門].

소개팅 紹介+ting *Art von blind date*   괜찮다 *in Ordnung sein. nicht schlecht sein*   마음에 들다 *gefallen*   응 *ja*
[„banmal". also nur im vertrauten Umgang!]   잘 되다 *gelingen. gut gehen*   오래 동안 *lange*   Lektion 5 ● 147

5.6.3

Bilde Sätze auf Basis der Tabelle:

지난 달에 letztes Monat	커피를 den Kaffee	봤어요
지난 주에 letzte Woche	신문을 die Zeitung	샀어요
어제 gestern	영화를 den Film	더웠어요
어제 밤에 gestern Nacht	어디 wo	운동했어요
오늘 아침에 heute morgen	어디에 wohin	요리했어요
오전에 am Vormittag	집에서 zu Hause (im Haus)	마셨어요
오후에 am Nachmittag	학교에(서) (in der Schule)	갔어요
저녁에 am Abend	친구하고 mit einem Freund	읽었어요
주말에 am Wochenende	혼자(서) allein	피곤했어요
	아주 sehr	있었어요
	많이 viel, sehr Q&A	

보기 어제 학교에 갔어요. Oder: 어제 학교에 안 갔어요.

5.6.4

Bilde Fragen:

보기 어제 학교에 갔어요?

Q Der Unterschied zwischen 아주 und 많이 ist mir etwas unklar. **A** Der Vergleich macht sicher. 많이 먹었어요. Ich habe viel gegessen. [Bitte nichts mehr aufdrängen.] Möglich ist auch: 아주 많이 먹었어요. (Ich habe sehr viel gegessen.) Oder auch: 아주 잘 먹었어요. (Ich habe sehr gut gegessen.) Aber nicht 아주 먹었어요. Vgl. weiters: 아주 예뻐요. [Er/Sie/Das ist] Sehr schön. Aber nicht 많이 예뻐요. Hingegen: 많이 걸어요. Ich gehe viel spazieren. Aber nicht 아주 걸어요. **Q** Dann bestimmt 아주 also nur Adjektive und Eigenschaftsverben (wie „schön sein") oder auch Adverbien, aber jedenfalls keine Handlungsverben (so wie „gehen")? Und bei 많이 ist es genau umgekehrt? **A** 아주 좋은 설명인 것 같아요. **Q** Wie bitte? **A** Scheint (mir) eine sehr gute Erklärung zu sein.

 lesen und verstehen **Übung / 연습**

5.7.1

Ein koreanischer Student schreibt aus Wien nach Seoul:

나는 어제 하루 종일 공부했어요. 오늘도 오전에 도서관에 갔다 왔어요. 오후에도 공부를 했어요. 저녁에 라면을 먹었어요. 그 다음에 또 공부를 했어요. 지금은 이 이메일을 쓰고 있어요.

 Beantworte folgende Fragen:

그는 언제 공부를 했어요?

그는 언제 도서관에 갔어요?

그는 오늘 오후에 무엇을 했어요?

그는 오늘 저녁때 무엇을 했어요?

그는 지금 무엇을 하고 있어요?

운동 : 운전할 운 (bewegen) und 움직일 동 (sich bewegen); 力 bedeutet Kraft

피곤 : 피곤할 피 (erschöpft sein) und 곤할 (....) 곤

요리 : Zutaten + Ordnung_

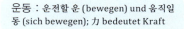

달 *Monat, Mond*   혼자(서) *allein*   덥다 *heiß sein*   운동 運動 *Sport*   요리 料理 *das Kochen*
피곤 疲困하다 *müde sein, erschöpft sein*   하루 종일 하루 終日 *den ganzen Tag lang*

Was war wirklich?

Welches Bild passt? Ergänzen Sie auch die Tagesabschnitte:

| 저녁 7시 | 오전 10시 | 밤 11시 | 새벽 2시 | 오후 3시 |

그림 번호					
활동	파티 참석	술집	노래방	데이트	늦잠 자다
시간					

Schreib jetzt einen „ehrlichen" Brief.

Vergangenes erzählen

Der koreanische Student vom Anfang der Lektion erinnert sich noch einmal an seine Zeit in Wien.
Er erzählt:

비엔나에 있(었)을 때 2구에서 부모님과 함께 살았어요. …

Als ich in Wien war, lebte ich im 2. Bezirk zusammen mit meinen Eltern. …

Die gängige Frage „아침 먹었어요?" ist nicht immer eine besorgte Erkundigung, ob man auch ordentlich gefrühstückt hat, sondern mitunter einfach ein Gruß. Auch im Englischen fragt man „How do you do?" und erwartet als Antwort keine Leidensgeschichte. Die koreanische Frage nach dem Gegessen-Haben ist allerdings, auch wenn sie noch so routiniert gestellt wird, nach wie vor keine vollkommen „tote Redensart"; denn im Fall des Falles kann man durchaus sagen, dass man nicht gegessen hat (woraufhin man entweder eingeladen oder zumindest eine sofortige Lösung des Problems beratschlagt wird). Die Allgegenwart der Frage 밥 먹었어요? – bzw. 진지 드셨어요? / 식사하셨어요? /식사 했어요? (alles heißt, mit unterschiedlicher Höflichkeitsintensität: „Haben Sie gegessen") – wird oft kulturgeschichtlich erklärt: als Koreaner begegnete man einfach bis in die jüngste Vergangenheit ständig Menschen, die tatsächlich Mühe hatten, auf zwei Mahlzeiten pro Tag zu kommen. Auch bei uns in Mitteleuropa gab es früher oft Phasen des Hungerns und Darbens. Und „Schmalhans" war, wie es bei den Brüder Grimm so schön heißt, oft der „Küchenmeister". Dieses Hungern und Darben ist bei uns aber kaum mehr im kollektiven Gedächtnis. In Korea hingegen gibt es noch ältere Menschen, die sich lebhaft daran erinnern können, wie es war, mit einer Süßkartoffel am Tag hauszuhalten.

Vergangenheit   Wortschatz / 어휘

작년 (昨年)	*Letztes Jahr*	지난 달	*letztes Monat*
재작년 (再昨年)	*vorletztes Jahr*	지난 월요일	*letzter Montag*
지난	*letzter/e/es*	옛날에	*früher*
지난 주	*Letzte Woche*	어렸을 때	*als ich klein war*

Als ich klein war …   Übung / 연습

어렸을 때 나는 자주/항상/늘 … (했어요). *Als ich klein war, habe/bin ich oft/immer/immerwährend …*
어렸을 때 나는 전혀 / 별로 … (안 했어요). *Als ich klein war, habe/bin ich nie/kaum …*

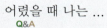

어렸을 때 나는 …
Q&A

… 누나랑 많이 싸웠어요.

… 할아버지와 낚시하러 갔어요.

… 선생님을 좋아했어요.   … 거북이를 키웠어요.

Q 어렸을? Da haben wir die dazugehörige Grammatik doch noch gar nicht gelernt. **A** Akzeptier das mal nur als eine feste Wendung an, also wie ein einziges Wort.

Bilde Sätze mit 어렸을 때 …

때때로	가끔	자주	항상	늘

a) 엄마와 전화하다.   f) 누나랑 수영장에 가다.
b) 동생이랑 초콜릿을 먹다.   g) 인형이랑 놀다.
c) 만화책을 보다.   h) 가족이랑 소풍가다.
d) 그림을 그리다.   i) 낮잠을 자다.
e) 친구들과 놀이터에 가다.

어리다 *jung, klein sein*   때 *Zeit, als…, wenn…*   항상 *immer*   늘 *die ganze Zeit, fortwährend*
전혀+Verneinung 全혀 *überhaupt nicht*   낚시하다 *angeln*   거북이 *Schildkröte*
키우다 *halten, haben (Tiere od. Pflanzen)*   초콜릿 *chocolate Schokolade*   만화책 漫畵冊 *Manga*
그림 *Bild, Zeichnung*   그림을 그리다 *zeichnen, malen*   놀이터 *Spielplatz*   수영장 水泳場 *Schwimmbad*
인형 人形 *Puppe*   소풍逍風하다 *wandern*   낮잠 *Mittagschlaf*

5.8.2

A 연말에 뭐하셨어요?	A *Was hast du zu Silvester gemacht?*
B 아무것도 안했어요.	B *Gar nichts.*
A 그래요? 그럼 작년에는?	A *Wirklich? Und letztes Jahr?*

Variere diesen Dialog mit dem sprachlichen Material dieser Lektion und mit den Zeitangaben aus Lektion 4.

◀ **4.1.1**

 A 어린이날에 뭐 했어요?
B 형이랑 싸웠어요.
A 그래요?

 Vergangenes besprechen

Übung / 연습

5.8.3

Rasche Frage- und Antwortübung: Frag deinen Nachbarn nach etwas Vergangenem:

 A 어제 영화 봤어요?
B 아니요, 안 봤어요.

Wettkampf: Wer behält in der Frage-Antwort-Abwechslung das letzte Wort?

 A 어제 영화 봤어요?
B 네, 봤어요.
A 마음에 들었어요?
B 아니요, 마음에 안 들었어요.
A 왜요?
B 몰라요.
A 왜 몰라요?
...

Wer nicht mehr weiter weiß, sagt „내가 졌어(요). 그만해요/그만해!" *Ich hab verloren, hör(en Sie) auf!*

 Übung / 연습

5.8.4

Hör dir den Text an und erledige die folgenden Übungen. Als Hörhilfe und zur Orientierung findest du hier unten gleich einmal einige Textbruchstücke. Zugleich ist diese Hörhilfe ein Lückentext, den du aber nicht schon am Anfang fertig ausfüllen solltest. Mach zuerst einmal die anderen Übungen:

지난 주말에 ….. . 참석할 데가 ….. . 너무 ….. . 토요일 오전에는 ………………… .
토요일 낮에는 ………………… . 일요일 점심 때는 ………………… . 그런데
………… . 그래서 저녁에는 ………… .

연말 年末 *(Jahr + Ende) Jahresende [해 연/년 年 und 끝 말 末]*
그럼 *dann; wenn das so ist*

Was ist richtig?

말하는 사람은 … / *Der Sprecher …*

○ 주말에 잘 쉬었어요.　　○ 피곤해요.　　　　　　　○ 여자 친구가 있어요.

○ 주말에 못 쉬었어요.　　○ 피곤하지 않아요 / 안 피곤해요.　○ 여자 친구가 없어요.

 Was hat der Sprecher gemacht? Noch einmal anhören und einfügen:

토요일에 am Samstag	일요일에 am Sonntag

돌잔치에 갔어요	여자 친구랑 헤어졌어요	결혼 했어요
잔치에 갔어요	친구의 생일파티에 참석했어요	집들이에 갔어요
칠순 잔치에 참석했어요	문상을 갔어요	이사 갔어요
환갑 잔치에 참석했어요	결혼식에 갔어요	이벤트를 했어요

 ## Vergangenes erzählen　　　　　　　　　　　　　　　**Übung / 연습**

5.8.5

Bilde ganze Sätze:

 학교/공부하다　　학교에서 공부했어요.

집/숙제하다

식당/스파게티/먹다

백화점/아르바이트/하다

홍대역/지하철/타다

헬스클럽/운동하다

돌잔치 : Fest zum ersten Geburtstag eines Kinds; Man feiert aber auch die ersten hundert Lebenstage eines Kindes (백일; aus 백 =100 + 일 日 Tag).

환갑 잔치 : Früher feierte man eher den 60, 환갑, 還甲, ein besonders runder Geburtstag, da sich aufgrund des 60-Jahre-Zyklus der chinesischen Zeitrechnung ab dem 61. Jahr die Jahre „wiederholen". Aufgrund der längeren Lebenserwartung wird inzwischen 칠순 (von 칠=7) größer gefeiert.

집들이 : Die koreanische Housewarming-Party. Das Standardgeschenk hierfür: Klopapier (wird nicht schlecht und kann man in jedem Haushalt brauchen, in Korea nach wie vor auch durchaus am Tisch, oft in einer eigenen Spenderbox oder in einem selbstgenähten, spitzenbesetzten Köcher, mit der Funktion als Serviette oder Taschentuch).

돌잔치 *Fest zum ersten Geburtstag*　　**결혼식** *Hochzeit*　　**칠순 잔치** *Fest zum Siebziger*　　**문상** *Kondolenzbesuch*

환갑還甲 잔치 *Fest zum Sechziger*　　**집들이** *Housewarming party. Einweihungsparty*

Setz ein:

A 소개팅   ?

B 뭐   .

A 그 여자 마음에   ?

B 나는 마음에   . 그런데 그 여자는 어떤지 몰라.

> 그 여자는 어떤지 몰라.
> Ich weiß nicht, wie es mit ihr ist (ob das auch für sie gilt).

| 들었어 | 어땠어 | 들었어 | 괜찮았어 |

Setz ein:

A 소개팅   ?

B 그 여자 마음에   .

A 잘   !

B 정말 잘   !

| 됐어 | 들었어 | 어땠어 | 됐어 |

어제 무슨 일 있었어(요)? *Was war gestern los? [„Gestern-welche (was für eine)-Sache-war?"]*
큰 일 났어(요). *Es ist etwas Schlimmes passiert. [„Eine große Sache ist aufgekommen."]*
Die Wendung „큰 일 났어" ist allgegenwärtig. Von temperamentvollen Menschen wird sie sehr oft verwendet. Naturgemäß kann diese Wendung veritable Panik auslösen. Wenn sich dann herausstellt, dass wieder einmal schrecklich übertrieben wurde, weicht die Erleichterung oft dem Ärger über die unnötige Aufregung.

Sag es mal auf Koreanisch

A Wie war das Sogaeting?

B Ganz o.k.

A Hat er (der Mann) dir gefallen?

B Mir schon.

> **Q** Wie sage ich denn er? Haben wir das schon gelernt? **A** Schau, wir sind wieder bei diesem großen Unterschied: du brauchst im Koreanischen meistens kein Pronomen. Wenn beiden Sprechern die Situation völlig klar ist, könnte man einfach sagen „Hat gefallen?" (마음에 들었어?) und es wäre klar, dass gemeint ist: Hat dieser Mann dir gefallen? (Denn wie das Sogaetting war, ist schon beantwortet, es war „ganz o.k.") **Q** Wenn wir sagen „Hat es dir gefallen?" würde das „es" sich ganz klar auf „sogaeting" beziehen, wir müssten also, wenn wir den Mann meinen, das Pronomen tauschen. **A** Genau, das Deutsche zwingt uns da viel mehr zur Vereindeutigung. Das hat Vorteile und Nachteile.

어느 마을에 '감자' 3형제가 살았다. *In einem Dorf lebten die drei Erdäpfelbrüder.*

어느 날, 감자 3형제는 자기가 감자가 맞는지 알고 싶었다. *Eines Tages wollten die drei Erdäpfel-brüder wissen, ob sie nun wirklich Erdäpfel waren.*

그래서 첫째 감자가 구멍가게 아저씨를 찾아갔다. *Darum suchte der erste Erdapfel den Greißler auf.*

"아저씨, 저 감자 맞아요?" 그랬더니 *Onkel, ich bin doch ein Erdapfel, nicht wahr? fragte er.*

"당근이지 당연하지" 라고 아저씨가 말했다. *Du bist doch eine Möhre. Aber sicher, sagte der Greißler.*

그래서 첫째 감자는 자기가 '당근'이라고 생각하고 자살을 하였다. *Darum glaubte der erste Erdapfel, er sei eine Möhre, und brachte sich um.*

둘째 감자는 할머니를 찾아갔다. *Der zweite Erdapfel suchte [s]ein Großmütterchen auf.*

"할머니, 저 감자예요?" 그랬더니 *Oma, ich bin doch ein Erdapfel, gell?*

할머니가 "오이야 오냐"라고 대답했다. *Jaja eine Gurke, sagte das Großmütterchen.*

그래서 둘째 감자는 자기가 '오이'라고 생각하고 또 자살을 하였다. *Darum glaubte der zweite Erdap-fel, er sei ein Gurke, und auch er brachte sich um.*

셋째 감자는 최불암* 아저씨를 찾아갔다. *Der dritte Erdapfel suchte Choe Bul-am auf.*

"아저씨, 저 감자 맞아요?" 그랬더니 *Onkel, ich bin doch ein Erdapfel, nicht wahr? fragte er.*

최불암이 "파! 파" 라고 했다. *Frühlingszwiebel Ha [ulkige Frage] sagte Choe Bul-am.*

그래서 셋째 감자는 자기가 '파' 라고 생각하고 또 자살을 하였다. *Darum glaubte der dritte Erdapfel, er sei eine Frühlingszwiebel, und brachte sich ebenfalls um.*

* Ein berühmter Schauspieler (Jahrgang 1940), der zur universalen (meist ungeschickten) Witzfigur wurde, nach der ganze Witze-Serien benannt sind.

Dieser Witz lebt von drei Wortspielen:
Im Scherz sagt man (so wie wir „zum Bleistift" statt „zum Bei-spiel" sagen) gern „당근이지" („Eine Karotte, klar doch!") statt „당연하지" („Aber selbstverständlich!", „Natürlich.")
Das alte Großmütterchen spricht einen ländlichen Dialekt, darum klingt ihr „오냐", eine gutmütige gutheißende Floskel, wie sie älteren Leuten ansteht, wie „(Du bist) eine Gurke."
Die kurze Lache „파" hat nichts zu tun mit unserem abwei-senden „Pah!". Es ist hier ein belustigtes kurzes Auflachen angesichts einer vermeintlich dummen Frage.

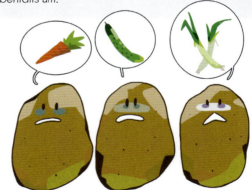

*1.6.2

Q Erdäpfelbrüder? Ist dieses Lehrbuch denn nur für unterhalb des Weißwurst-Äquators? **A** Schau, „die Kartoffel" ist weiblichen Geschlechts, das passt nicht so zu „Brüdern". Wenn da im Buch mal was steht, das nicht gesamtdeutsch in aller Munde ist, ist das wirklich so schlimm? Wobei Mundart-Ausgaben dieses Lehrbuchs schon fein wären. Wie bei den Asterix-Heften. **Q** Du redest dich jetzt aber doch noch um Kopf und Kragen. **A** War nur ein Scherz. Aber mal im Ernst: Unsere diversen vielbändigen Mundart-Wörterbücher und Dialekt-"Idiotika" sind doch eine Fundgrube. Und jetzt schauen wir auf den Reichtum an *lautmalerischen* und *mimetischen Wörtern im Koreanischen*. Angesichts dieser vielen „onomatopoetischen" Wörter im Koreanischen kann sich unsere deutsche Standardsprache mitunter recht kümmerlich ausnehmen. Zumindest wenn man den Standard sehr engherzig festlegt. **Q** Und der Wortschatz in den Mundarten ist da viel reicher? **A** Ja, und darum kann die Erinnerung an den Dialekt helfen, wenn es darum geht, ein Gefühl für die koreanischen Lautmalereien zu entwickeln. **Q** Allerdings spricht von uns allen doch kaum noch einer eine echte Mundart! **A** Ja, aber es schlummert in vielen drin. Man hat eine Intuition, die man sich in Bezug auf das Koreanische erst langsam aufbauen muss. **Q** Jetzt bist du aber vom Hundersten ins Tausendste gekommen. **A** Oder vom Hölzchen aufs Stöckchen, wie wir in Österreich an sich ja nie sagen. Ist aber eine schöne Redensart! **Q** Du beschämst mich. Alles klar, lassen wir ihn durchgehen, den Erdapfel.

단어 정리

Vokabelverzeichnis

		ㄱ	
價格		가격 Preis	3.1.3
家具		가구 Möbelstück, Möbel	3.6.9
		가다 gehen, fahren	3.1.4
		가방 Tasche	2.1.5
		가볍다 leicht (Gewicht)	5.3.1
歌手		가수 SängerIn	2.5.2
家族		가족 Familie	3.2.4
		가지 Melanzani	3.2.1
簡單히		간단히 einfach, simpel	5.5.1
		갈비 *Galbi (Rinder- oder Schweinerippengericht)*	3.5.3
講師		강사 DozentIn, LektorIn	2.11.0
		강아지 Welpe, Hündchen	3.2.6
講義		강의 Kurs, Vorlesung	4.1.9
		같이 zusammen	4.2.1
		개 Hund	2.2.11
		개 Stück	3.2.4
個月		개월 Monat (*Zählwort*)	3.2.4
		거기 dort	4.2.7
		거북이 Schildkröte	5.8.1
居室		거실 Wohnzimmer	5.1.6
		거짓말을 하다 lügen	5.4.2
建物		건물 Gebäude	5.1.1
建築家		건축가 ArchitektIn	2.5.2
建築學		건축학 Architektur (als wissenschaftliches Fach)	2.10.4
		걷다 zu Fuß gehen	5.4.3
		걸리다 dauern	3.3.3
		걸어서 zu Fuß	5.1.1
檢事		검사 Staatsanwalt, Staatsanwältin	2.5.2
		것 Sache, Ding, Angelegenheit	3.1.1
結婚		결혼 Hochzeit	5.8.3
結婚式		결혼식 Hochzeitzeremonie	5.8.4
經營學		경영학 Betriebswirtschaftslehre	2.10.4
警察		경찰 Polizei, PolizistIn	2.3.1
警察官		경찰관 PolizistIn	5.4.1
計算		계산 Rechnung	3.6.10
計劃		계획 Plan	4.3.12
顧客		고객 Kunde, Kundin	5.1.10
		고기 Fleisch	3.4.2

	고르다	auswählen, aussuchen	5.4.1
	고생	Mühe, Leistung	4.2.5
	고슴도치	Igel	3.7.3
	고양이	Katze	2.1.5
	고추	Pfefferoni	3.2.1
故鄉	고향	Heimat	4.1.3
	골프	Golf	2.2.3
公務員	공무원	Beamter, Beamte	2.1.9
工夫하다	공부하다	Lernen	3.4.4
公園	공원	Park	4.2.4
工學	공학	Technik	2.10.4
科目	과목	Unterrichtsfach	3.6.8
	과일	Obst	2.1.9
	괜찮다	in Ordnung sein	5.6.1
敎科書	교과서	Lehrbuch	3.2.6
敎士	교사	LehrerIn	2.5.2
敎授	교수	ProfessorIn	2.5.2
敎室	교실	Klasse, Unterrichtsraum	5.1.1
敎材	교재	Lehrbuch, Unterrichtsmaterial	4.2.5
交換 學生	교환 학생	AustauschstudentIn	2.1.3
敎皇	교황	Papst	2.8.1
敎會	교회	Kirche	4.2.1
區	구	Bezirk	5.1.1
	구두	Lederschuhe	3.2.4
	국	Suppe	3.2.6
國籍	국적	Staatsangehörigkeit	2.1.9
	굽다	backen, braten, rösten	5.3.1
券	권	Band (Zählwort für Bücher)	3.2.4
	그	dies (dort), das	3.1.9
	그 다음(에)	als nächstes, danach	5.2.2
	그 동안	in der Zwischenzeit	5.5.1
	그냥	einfach	4.3.1
	그러나	aber, dennoch, trotzdem	5.5.1
	그러면	dann, wenn dem so ist	3.6.1
	그럼요	aber sicher, und ob, gewiss	4.3.1
	그렇군요	Aha! So!	3.1.1
	그렇다	so sein	4.2.1
	그릇	Schüssel, Gefäß	3.2.4
	그리고	und	2.14.3

	그림	Bild	5.8.1
	그림 그리다	zeichnen	2.2.3
	그제	vorgestern	4.3.6
勤務	근무	Dienst, Arbeit	5.2.3
	글쎄	nun, naja, ähm	4.4.1
金曜日	금요일	Freitag	4.1.14
	기다리다	warten	5.5.1
祈禱하다	기도하다	beten	5.1.5
技術者	기술자	IngenieurIn	2.5.2
	김장하다	*Kimchi* einlegen	4.1.15
	까마귀	Rabe, Krähe	3.7.1
	깨워 주다	aufwecken	5.5.1
	꽃	Blume	2.1.9
	꽃양배추	Karfiol, Blumenkohl	3.2.1
	끝나다	enden	4.3.3

ㄴ			
(duzen)	나	ich	3.1.9
	나가다	ausgehen, hinausgehen	5.2.2
	나누다	teilen	2.12.0
namu	나무	Baum	3.2.6
	나뭇잎	Baumblatt	5.4.1
nai	나이	Alter	3.1.3
	낙지볶음	*Nakji-Bokkeum (gebratener Tintenfisch)*	3.5.3
	낚시하다	angeln	5.3.11
	날	Tag	4.3.1
男同生	남동생	jüngerer Bruder	4.1.3
男性服	남성복	Herrenbekleidung	3.6.9
男子	남자	Mann	2.2.11
男子 親舊	남자 친구	Freund *(engl. boyfriend)*	3.6.3
男便	남편	Ehemann	2.1.6
	낫다	besser sein, übertreffen; genesen	5.3.1
	낮잠	Mittagschlaf	5.8.1
來年	내년	nächstes Jahr	4.3.14
內容	내용	Inhalt	4.2.5
	내일	morgen	4.3.6
	냄새	Geruch	4.2.5
冷麵	냉면	*Naengmyeon (kalte Nudelsuppe)*	3.5.3

	너무	zu, sehr	3.1.1
	네	Ja	2.1.6
年	년	Jahr	3.2.4
年度	년도[연도]	Jahr (z.B. Finanzjahr)	3.1.13
	노래	Lied	4.2.5
notebook	노트북	Laptop	3.2.4
	놀다	spielen, fortgehen, sich amüsieren	5.1.1
	놀이터	Spielplatz	5.8.1
籠球	농구	Basketball	2.2.3
	누가	jemand	3.7.1
	누구	wer, jemand	4.3.12
	누구의	wessen	2.2.11
	누나	ältere Schwester (männl. Perspektive)	5.1.6
	늘	die ganze Zeit, fortwährend	5.8.1

	ㄷ		
	다	alle, zusammen	5.1.6
	다시	wieder	5.2.2
	다음	nächstes Mal	4.2.7
	닫다	schließen, zumachen	3.4.4
	달	Monat	3.2.4
	달력	Kalender	4.2.15
	달리다	laufen	3.1.6
	닭	Huhn	3.2.4
	담배	Zigarette	3.6.2
	당근	Karotte, Möhre	3.2.1
	당기다	ziehen	3.4.4
當身	당신	Sie, du	3.6.2
臺	대	Stück (Zählwort für Maschinen)	3.2.4
	대단하다	beeindruckend sein, imponieren	3.6.8
大王	대왕	König (historisch: Großkönig)	2.14.3
大統領	대통령	StaatspräsidentIn	2.5.2
大學(校)	대학(교)	Universität	2.1.3
大學生	대학생	Studierende(r)	2.1.3
	더	mehr	5.5.1
	덥다	heiß sein (Wetter)	3.1.4
圖書館	도서관	Bibliothek	3.6.8
都市	도시	Stadt	2.2.6

陶磁器	도자기	Porzellan	5.3.1
到着하다	도착하다	ankommen	5.2.2
讀書	독서	Lektüre	2.2.3
獨身主義者	독신주의자	überzeugter Single	5.1.11
獨逸	독일	Deutschland	2.1.3
	돈	Geld	5.4.3
	돌아가다	zurückgehen, zurückkehren	5.1.1
	돌잔치	Fest zum ersten Geburtstag	5.8.4
	돕다	helfen	5.1.6
動物	동물	Tier	3.7.2
東아시아	동아시아	Ostasien	3.6.7
	되다	werden	3.1.3
	된장찌개	*Deonjang Jjigae (Tofu-Eintopf)*	3.5.3
	둘	zwei	3.1.10
	드시다	essen, trinken *(honorativ)*	3.4.4
듣기 練習	듣기 연습	Hörübung	4.2.7
	들다	hineingehen, eintreten	5.2.2
	들어가다	hineingehen, eintreten	5.5.1
等等	등등	etc., usw.	3.2.6
登山하다	등산하다	wandern, bergsteigen	2.2.3
	따분하다	langweilig, eintönig	5.1.1
	딸	Tochter	4.2.3
	딸기	Erdbeere	3.6.6
	때	als, wenn	5.3.11
	떡볶이	*Tteokbokki (scharfes Reiskuchengericht)*	3.5.3
	또	wieder	4.2.7
	뜻	Bedeutung	4.3.3

		ㄹ	
	라디오	Radio	5.5.1
	라면	*Ramen (meist scharfe Nudelsuppe)*	3.2.6
	러시아	Russland	2.3.1

		ㅁ	
	마늘	Knoblauch	3.2.1
	마리	Exemplar *(Zählwort für Tiere)*	3.2.4
	마시다	trinken	3.1.6

	마음	Herz, Seele, Gemüt	2.2.11
	마음에 들다	gefallen	5.6.1
	마지막	letzter/e/s *(Adj.)*	5.5.1
	막걸리	*Makgeolli (trüber Reiswein)*	3.4.2
	만나다	treffen	3
萬年筆	만년필	Füllfeder	3.2.6
饅頭	만두	*Mandu (Teigtaschen)*	3.5.3
萬歲	만세!	Hoch! („Zehntausend Jahre")	2.14.3
漫畵冊	만화책	Manga, Comic	3.2.5
	많이	viel	3.4.4
	많이 드세요!	Guten Appetit!	3.4.4
	말	Worte, Sprache	4.2.5
	말씀	Worte *(honorativ)*	5.5.1
	말하다	sagen, sprechen	5.5.1
	맛	Geschmack	3.1.3
	맛있다	schmecken, schmackhaft sein	3.1.1
	망고	Mango	3.2.4
麥酒	맥주	Bier	3.2.4
	머그컵	Tasse, Häferl	2.1.9
	먹다	essen	3.1.6
	며칠	der wievielte, wie viele Tage, einige Tage	4.3.10
名	명	Person *(Zählwort für Personen)*	3.2.4
	몇	wie viel, wievielter	3.1.11
	모두	alle, insgesamt	3.4.1
모래城	모래성	Sandburg	5.4.1
	모레	übermorgen	4.3.6
	모르다	nicht wissen, nicht kennen	3.1.9
模範生	모범생	MusterschülerIn	5.1.10
	모여있다	versammelt sein	5.1.6
	모임	Treffen, Meeting	4.1.9
牧師	목사	PastorIn	2.5.2
木曜日	목요일	Donnerstag	4.1.14
	몸	Körper	2.2.11
	무	Rettich	3.2.1
無窮花	무궁화	Hibiskus *(Straucheibisch)*	3.2.6
	무섭게	furchteinflößend, beängstigend	4.4.1
	무섭다	furchterregend sein	4.4.1
	무슨	was für ein	4.2.1
門	문	Tür	3.4.4

問喪		문상 Kondolenzbesuch	5.8.4
門여는 時間		문여는 시간 Öffnungszeiten	4.1.11
文字		문자 SMS; Schriftzeichen, Buchstabe ✓	5.4.2
問題		문제 Problem, Aufgabe	3.6.2
	mul	물 Wasser ✓	3.2.4
物件		물건 Gegenstand ✓	3.7.2
物理學		물리학 Physik	2.10.4
		물어보다 fragen	4.3.3
米國		미국 USA ✓	2.1.9
美術		미술 Kunst	2.10.4
		미역국 *Miyeok-guk (Seetangsuppe)*	3.5.3
美容師		미용사 FriseurIn ✓	2.5.2
美人		미인 schöne Frau	4.2.5
		민들레 Löwenzahn	3.2.6
		밀다 drücken	3.4.4

<table>
<tr><td colspan="4" align="center">ㅂ</td></tr>
</table>

		바르다 aufstreichen, schmieren	5.4.1
		바쁘다 beschäftigt sein, zu tun haben ✓	5.4.3
		바지 Hose ✓	3.2.6
博士		박사 Doktor *(akadem. Grad)*	5.1.10
		밖 (바깥) draußen, außen ✓	3.6.7
班		반 Klasse	4.2.6
		반갑다 erfreut sein ✓	3.1.4
發表		발표 Referat, Präsentation	4.1.13
		밤 Nacht	5.2.5
		밥 Essen, gekochter Reis ✓	3.2.5
房		방 Zimmer ✓	4.1.3
放學		방학 (Schul-)Ferien ✓	4.1.8
	pae	배 Schiff ✓	3.2.6
背囊		배낭 Rucksack	2.1.9
俳優		배우 SchauspielerIn ✓	2.5.2
		배우다 lernen ✓	3.6.8
		배추 Chinakohl ✓	3.2.6
百貨店		백화점 Kaufhaus ✓	5.1.5
	baseu	버스 Bus ✓	2.5.2
bus+運轉士		버스 운전사 BusfahrerIn	2.5.2
		벌써 schon, bereits	4.1.1

法學	법학	Rechtswissenschaften, Jura, Jus	2.10.4
	벼	Reispflanze	3.2.6
辯護士	변호사	Rechtsanwalt, Rechtsanwältin	2.5.2
別로	별로	besonders	5.1.8
瓶	병	Flasche (auch Zählwort für Flaschen) ✓	3.2.4
病	병	Krankheit	5.4.1
	보내다	schicken	5.4.1
	보다	sehen, schauen ✓	3.4.4
補償	보상	Entschädigung, Kompensation	3.7.1
寶石	보석	Edelstein	3.6.9
普通	보통	normal, normalerweise ✓	5.1.1
boxing	복싱	Boxen	2.2.3
ball-pen	볼펜	Kugelschreiber ✓	2.2.11
	부대찌개	Budae-Jjigae („Truppen-Eintopf")	3.5.3
	부르다	rufen, nennen	5.4.3
父母님	부모님	Eltern ✓ (ohne: 님)	5.1.1
	부엌	Küche ✓	3.6.9
	부처	Buddha	4.3.15
分	분	Minute ✓	3.2.4
	분	Person (honorativ), Herrschaft ✓	3.2.4
	불	Feuer ✓	3.6.2
	불고기	Bulgogi (gegrilltes Rindfleischgericht)	3.5.3
buffet	뷔페	Buffet	4.1.15
	블루베리	Heidelbeere	3.1.1
	비둘기	Taube	3.7.1
	비빔밥	Bimbimbab ✓	3.5.1
	비싸다	teuer sein ✓	3.1.1
飛行機	비행기	Flugzeug	2.1.9
	빗자루	Pinsel	3.2.6
	빨리	schnell ✓	3.6.7
bbang	빵	Brot, Gebäck ✓	2.2.11

		ㅅ	
	사과	Apfel ✓	3.2.5
	사다	kaufen ✓	3.1.6
saram	사람	Mensch ✓	2.1.3
事務室	사무실	Büro ✓	5.2.3
四物놀이	사물놀이	samulnori (Quartett mit Schlaginstrumenten)	4.1.15

cider	사이다	*Cider (eine Limonade)*	3.5.1
社長님	사장님	Firmenchef	3.2.6
寫眞	사진	Foto	3.2.5
寫眞 찍다	사진 찍다	fotografieren	2.2.3
山딸기	산딸기	Himbeere	3.1.9
散策을 가다	산책을 가다	spazieren gehen	5.2.2
	살	Jahr *(Lebensjahr)*	3.1.11
	살다	leben	4.3.5
	삼겹살	*Samgyeopsal*	3.5.3
三寸	삼촌	Onkel	5.1.10
	삽	Spaten	3.2.6
魚	상어	Hai	2.6.0
上映	상영	Vorführung	4.1.12
商店	상점	Geschäft, Stand	3.1.1
	새	Vogel	3.7.1
色깔	색깔	Farbe	3.7.3
	샌들	Sandale	3.2.4
生	생	Leben, Dasein, Existenz	3.1.13
生物學	생물학	Biologie	2.10.4
生鮮	생선	Fisch	3.4.2
生日	생일	Geburtstag	4.3.14
shower	샤워(를) 하다	duschen	5.1.1
書籍	서적	Lektüre, Buch	3.6.7
書店	서점	Buchhandlung	5.4.1
釋迦誕辰日	석가탄신일	Buddhas Geburtstag	4.3.15
膳物	선물	Geschenk	4.3.1
先輩	선배	*seonbae ("senior")*	5.1.10
先生님	선생님	LehrerIn	2.1.3
suncreme	선크림	Sonnencreme	5.4.1
	설날	Neujahrstag nach Mondkalender	4.3.15
聖堂	성당	Kirche	5.1.5
聖誕節	성탄절	Weihnachten	4.3.17
姓銜	성함	Name *(honorativ)*	2.8.1
歲	세	Jahr *(Lebensjahr)*	3.1.11
世界主義者	세계주의자	WeltbürgerIn	2.14.3
洗手하다	세수(를) 하다	sich das Gesicht waschen	5.5.1
紹介+ting	소개팅	*sogaeting (ein vermitteltes blind date)*	5.6.1
	소나무	Kiefer	3.2.6
消防官	소방관	Feuerwehrmann/-frau	2.5.2

小說	소설	Roman, Novelle	2.8.1
小說 作家	소설 작가	RomanautorIn	2.8.1
social media	소셜미디어	soziale Medien	2.2.3
	소주	*Soju (koreanischer Schnaps)*	3.4.2
sofa	소파	Sofa	5.1.6
逍風	소풍	Ausflug, Picknick	5.8.1
	속	innen, inmitten	3.6.2
	손	Hand	5.4.2
	손님	Gast	5.1.10
	송이	Strauß, Büschel *(Zählwort)*	3.2.4
shopping	쇼핑	Shopping	4.3.12
水上 + ski	수상스키	Wasserski	2.2.3
授業	수업	Unterricht	2.6.0
水泳場	수영장	Schwimmbad	5.8.1
水泳하다	수영하다	schwimmen	2.2.3
水曜日	수요일	Mittwoch	4.1.14
數學	수학	Mathematik	2.10.4
宿題	숙제	Hausübung	5.1.5
宿題(를)하다	숙제(를)하다	Hausübung machen	5.1.5
	술	Alkohol	3.2.4
數字	숫자	Zahl	3.6.8
	쉬다	entspannen, sich ausruhen, sich erholen	5.1.5
super[market]	슈퍼	Supermarkt	4.1.10
	스님	Mönch	2.5.2
ski	스키 타다	Ski fahren	2.2.3
spaghetti	스파게티	Spaghetti	5.1.5
乘用車	승용차	PKW	3.2.5
時	시	Uhr(zeit)	4.1.1
時間	시간	Stunde, Zeit	3.2.4
市內	시내	Stadtzentrum	5.1.3
詩人	시인	DichterIn	2.14.3
始作하다	시작하다	anfangen	4.1.1
市場	시장	Markt	3.1.1
試合	시합	Spiel, Wettkampf	4.1.9
試驗	시험	Prüfung	4.1.1
試驗을 보다	시험을 보다	Prüfung ablegen	4.1.1
食口	식구	Familie	5.1.6
食堂	식당	Restaurant	4.2.7
食卓	식탁	Esstisch	5.5.1

食品	식품	Nahrungsmittel	3.6.9
	신기하다	kurios, bemerkenswert sein	3.1.1
新聞	신문	Zeitung	2.1.9
	신발	Schuh	3.2.4
神父	신부	Priester	2.5.2
紳士服	신사복	Herrenbekleidung, Anzug	3.6.1
新正	신정	Neujahrstag nach Sonnenkalender	4.3.10
失禮	실례	Unhöflichkeit	2.10.2
失望	실망	Enttäuschung	4.2.6
失手	실수	Fehler	2.11.0
室長	실장	AbteilungsleiterIn	5.1.10
	싫어하다	verabscheuen, hassen	3.4.2
心理 學者	심리 학자	Psychologe, Psychologin	2.14.3
心理學	심리학	Psychologie	2.10.4
	싸다	billig sein	3.1.7
	싸우다	streiten, kämpfen	4.2.4
	쌀	Reis	3.2.6
	쓰다	schreiben	4.3.1
	씻다	waschen	3.1.4

		◎		
		아기	Baby, Kleinkind	3.2.4
		아내	Ehefrau	2.1.8
		아니요	nein	2.1.6
兒童服		아동복	Kinderkleidung	3.6.1
		아들	Sohn	4.2.3
		아르바이트	Teilzeitjob (ohne feste Anstellung)	4.1.8
		아름답다	schön sein	3.1.4
		아버지	Vater	3.2.4
		아이	Kind	3.6.7
		아이고	Oh je! Mein Gott! Ach!	3.1.1
		아저씨	Onkel, Mann mittleren Alters	5.4.1
		아줌마	Tante, Frau mittleren Alters	5.4.3
		아직	noch nicht, noch immer	3.6.7
		아침	Morgen	4.3.12
		아프다	krank sein, Schmerzen haben	3.1.4
		안	nicht	5.1.8
安寧		안녕!	Hallo, Servus; Tschüss	2.1.1

	앉다	sich setzen	4.3.5
	알겠습니다	verstanden, in Ordnung	3.3.1
	알다	wissen, kennen	4.3.1
鸚鵡새	앵무새	Papagei	3.7.1
夜食	야식	Nachtmahl, Spätimbiss	5.5.1
野菜	야채	Gemüse	2.1.9
	약	ungefähr, circa	3.6.8
藥局	약국	Apotheke	3.6.6
藥師	약사	ApothekerIn	2.5.2
約束	약속	Verabredung, Versprechen	4.2.1
約束을 하다	약속을 하다	sich verabreden, versprechen	4.2.7
藥學	약학	Pharmazie	2.10.4
陽曆	양력	Sonnenkalender	4.3.17
洋襪	양말	Socken	3.2.4
	양배추	Kohl	3.2.1
	양파	Zwiebel	3.2.1
	어디	wo	2.10.5
	어떤	welche/-s/-r, was für ein	3.7.1
	어떻다	wie sein	4.1.3
	어머! 어머나!	Oh Gott!	3.1.1
	어머니	Mutter	3.2.4
	어제	gestern	4.3.6
	얼굴	Gesicht	4.2.6
	얼마	wie viel	3.1.1
	얼마나	wie viel in etwa, äußerst	3.3.3
	얼마입니까?	Wie viel / Was kostet …?	3.1.1
業務	업무	Dienst, Amtsgeschäft	4.1.11
	없다	nicht vorhanden sein	3.6.1
	여기	hier	3.2.4
	여름	Sommer	5.1.7
女性服	여성복	Damenbekleidung	3.6.9
女子	여자	Frau, weibliche Person	2.2.11
女子 親舊	여자친구	Freundin (engl. girlfriend)	4.1.3
旅行 다니다	여행 다니다	reisen	2.2.3
歷史學	역사학	Geschichtswissenschaft	2.13.2
研究室	연구실	Büro, Studierzimmer	3.6.7
年末	연말	Jahresende, Silvester	4.1.8
年輩	연배	Alter (honorativ)	3.1.3
年歲	연세	Alter (honorativ)	3.1.3

Hanja/Note		Korean	German	Reference
鉛筆		연필	Bleistift ✓	2.2.11
		열다	öffnen	4.1.10
熱心히		열심히	fleißig, eifrig	3.4.4
葉書		엽서	Postkarte	3.2.4
英國		영국	England ✓	2.3.1
英語		영어	Englisch	5.5.1
營業		영업	Dienst, Ausübung eines Gewerbes	4.1.11
影響		영향	Einfluss	5.1.1
映畵	yeongxha	영화	Film ✓	2.2.3
映畵 監督		영화 감독	RegisseurIn	2.8.1
	oneul	오늘	heute ✓	3.6.2
	oda	오다	kommen	3.6.7
		오래	lange (Zeit)	5.6.1
		오이	Gurke	3.2.1
午前		오전	Vormittag	4.3.12
autobike		오토바이	Motorrad	3.2.4
午後		오후	Nachmittag	4.2.1
		옥수수	Mais	3.2.6
		온	ganz, gesamt	5.4.3
		올해	heuer, in diesem Jahr	4.3.14
		와우!	Wow!	2.1.6
wine		와인	Wein	3.2.5
王		왕	König	2.14.3
	wae	왜	warum, wieso ✓	4.2.1
外交官		외교관	DiplomatIn	2.5.2
外國		외국	Ausland	3.6.7
yoga		요가	Yoga	2.2.3
料理師		요리사	Koch, Köchin ✓	2.5.2
料理하다		요리하다	kochen, backen, Essen zubereiten ✓	2.2.3
曜日		요일	Wochentag	4.3.10
		요즈음 [요즘]	derzeit, zur Zeit	3.6.8
		요트	Yacht	3.2.6
浴室		욕실	Badezimmer	5.1.1
用品		용품	Gebrauchsgegenstand	3.6.9
		우동	Udon-Nudelsuppe	3.2.6
		우리	wir ✓	2.1.6
		우와!	Wow!	3.1.1
牛乳	uyu	우유	Milch ✓	2.2.11
郵遞局		우체국	Postamt	4.1.10

郵票		우표 Briefmarke	3.2.4
運動家		운동가 AktivistIn; SportlerIn	2.14.3
運動하다		운동하다 Sport machen	2.2.3
運動靴		운동화 Turnschuh	3.2.4
運行		운행 das Verkehren, das In-Umlauf-Sein	4.1.11
圓		원 *Won (koreanische Währung)*	3.2.4
月曜日		월요일 Montag	4.1.14
Euro		유로 Euro	3.1.1
留學生		유학생 ausländischer StudentIn	2.1.6
		윷놀이 *Yut*-Spiel	4.1.15
音大		음대 Musikuniversität	2.10.1
音大生		음대생 MusikstudentIn	2.10.1
陰曆		음력 Mondkalender	4.2.15
飮料水		음료수 Getränk	2.13.1
飮食店		음식점 Restaurant	4.1.3
音樂	*euro..*	음악 Musik	2.10.4
音樂 鑑賞		음악 감상 das Hören von Musik, der Musikgenuss	2.2.3
音樂家		음악가 MusikerIn	2.5.2
音樂會		음악회 Konzert	4.1.9
		응 ja *(Halbsprache)*	5.6.1
醫大		의대 Medizinuniversität	2.10.1
醫大生		의대생 MedizinstudentIn	2.10.1
醫師		의사 Arzt, Ärztin	2.5.2
衣裳 designer		의상디자이너 ModeschöpferIn	2.5.2
椅子		의자 Sessel	2.1.9
醫學		의학 Medizin	2.10.4
		이 dieser/diese/dieses	3.1.1
		이 분 diese Person	2.11.0
		이, 이빨 Zahn	2.6.0
		이것 das, dieses Ding	2.2.6
		이다 sein *(Kopula)*	2.1.2
		이런! So was! Mist!	4.3.1
		이를 닦다 Zähne putzen	5.4.2
		이름 Name	2.1.2
		이제 jetzt, endlich	4.2.6
Italia		이탈리아 Italien	2.3.1
		인분 Portion	3.2.4
人事하다		인사하다 grüßen	2.12.0
人形		인형 Puppe	5.8.1

日		일 Tag	3.2.4
日課		일과 Tagesablauf	5.2.5
日記		일기 Tagebuch	5.5.1
日本		일본 Japan	2.1.6
日本學		일본학 Japanologie	2.10.4
		일어나다 aufstehen	5.1.1
日曜日		일요일 Sonntag	4.1.14
一層		일층 Erdgeschoß	5.1.1
		일하다 arbeiten	5.1.4
		읽다 lesen	3.1.4
		있다 vorhanden sein	2.6.0

ㅈ			
		자기(야) Schatz (Anrede)	4.4.1
		자다 schlafen	3.1.4
自動車		자동차 Auto	3.2.4
		자러 가다 schlafen gehen	5.2.2
		자주 oft	5.1.7
作家		작가 AutorIn	2.8.1
作曲家		작곡가 KomponistIn	2.5.2
昨年		작년 vergangenes Jahr	4.3.14
		작다 klein sein	3.1.7
盞		잔 Glas, Tasse	3.2.4
		잔디밭 Wiese, Rasen	3.7.1
		잘 되다 gelingen, gut gehen	5.6.1
付託		부탁 Ersuchen, Bitte	2.1.2
		잠자리 Schlafplatz	5.2.2
雜菜		잡채 Japchae (Gericht aus Glasnudeln)	4.2.3
張		장 Blatt (Papier)	3.2.4
掌匣		장갑 Handschuhe	3.2.4
將軍		장군 General	2.13.1
		장미꽃 Rose	3.2.5
		장을 보다 (Lebensmittel am Markt) einkaufen gehen	5.4.2
		재미있다 interessant sein, Spaß machen	2.6.0
		저 ich (honorativ)	2.1.2
		저 jenes, dieses dort	3.1.1
		저기 dort, dort drüben	3.7.1
		저녁 Abend	4.2.1

前	전	vor	4.1.1
專攻	전공	Hauptstudium, Hauptfach	2.1.2
全羅 北道	전라 북도	*Jeolla-Nordprovinz (Provinz in Südkorea)*	3.6.7
傳統	전통	Tradition	4.1.15
全혀	전혀	überhaupt nicht	5.3.11
電話(를)하다	전화를 하다	telefonieren	5.4.2
店	점	Geschäft	3.4.1
	점	Punkt, Komma, Beistrich	3.5.1
點心	점심	Mittag, Mittagessen	4.3.12
店員	점원	VerkäuferIn	2.5.2
程度	정도	ungefähr, circa, Ausmaß	4.2.1
	정말	wirklich, echt	2.1.6
精神	정신	Geist, Bewusstsein	2.14.3
正裝	정장	Anzug, festliches Gewand	3.6.1
政治家	정치가	PolitikerIn	2.5.2
	제	mein	2.1.2
	제기차기	*Jegichagi (trad. Spiel)*	4.1.15
jogging	조깅	joggen	2.2.3
朝鮮	조선	*Joseon*, Korea („[Land der] Morgenfrische")	2.14.3
	졸리다	schläfrig, müde sein	5.5.1
	좀	ein wenig, ein bisschen	5.5.1
	종이	Papier	3.2.4
	좋다	gut sein	3.1.7
	좋아하다	mögen, gern haben	3.3.3
週	주	Woche	4.2.1
州	주	Verwaltungseinheit, Landesteil	4.3.5
	주다	geben	3.4.1
週末	주말	Wochenende	4.3.5
主婦	주부	Hausfrau	2.5.2
juice	주스	Saft	3.1.9
週日	주일	Woche	3.2.4
酒煎子	주전자	Wasserkocher, Kanne	2.1.9
駐車場	주차장	Parkplatz	3.6.9
準備(를)하다	준비(를)하다	vorbereiten	5.1.1
中國	중국	China	2.3.1
中國學	중국학	Sinologie	2.10.4
中에	중에	unter, von, inmitten	4.1.12
	쥐	Maus, Ratte	3.1.9
	지금	jetzt	3.6.8

	지내다	verbringen	5.1.7
jirugae	지우개	Radiergummi	3.2.4
地下鐵	지하철	U-Bahn	5.1.5
職業 *jiteop*	직업	Beruf	2.1.9
職員	직원	ArbeiterIn, AngestellteR	2.1.6
職場	직장	Arbeitsplatz	5.1.13
診療	진료	Ordination, Behandlung	4.1.11
jin...	진짜	wirklich, echt	4.4.1
質問	질문	Frage	3.6.2
	집	Haus	3.6.3
	집들이	Party zur Wohnungseinweihung	5.8.4
	짜장면	*Jjajangmyeon*	4.2.3
	짬뽕	*Jjambbong*	3.5.3
	쪽	Seite, Richtung	3.2.4
	쯤	circa, ungefähr	5.1.1

	ㅊ		
茶	차	Tee	3.2.4
	참새	Spatz	3.7.1
槍	창	Speer	3.2.6
窓門	창문	Fenster	4.2.6
	찾다	suchen, finden	3.7.1
chaek	책	Buch	4.2.5
	처음	erstmals, anfangs	2.10.2
哲學家	철학자	PhilosophIn	2.14.1
cherry	체리	Kirsche	3.1.1
Czech, Česko	체코	Tschechien	2.6.0
chocolate	초콜릿	Schokolade	5.8.1
	총	Handfeuerwaffe, Gewehr	3.2.6
秋夕	추석	*Chuseok*	4.3.15
蹴球	축구	Fußball	2.2.3
蹴球 觀覽	축구 관람	das Fußball Schauen *(als Zuschauer)*	2.2.3
蹴球 選手	축구 선수	FußballspielerIn	2.5.2
出勤	출근	Aufbruch zur Arbeit, Arbeitsantritt	5.2.3
	춤추다	tanzen	2.2.3
	춥다	kalt sein *(Wetter)*	3.1.4
趣味 *chwimi*	취미	Hobby	2.1.9
層	층	Stockwerk, Etage	3.2.4

齒藥		치약 Zahnpasta	2.2.11
親舊		친구 Freund, Freundin	2.1.5
		칫솔 Zahnbürste	2.2.11

	ㅋ		
camera	카메라	Kamera	3.2.4
cafe	카페	Café	3.6.9
campus	캠퍼스	Campus	5.1.1
coffee	커피	Kaffee	3.2.4
computer	컴퓨터	Computer	3.2.6
computer game	컴퓨터 게임	Computerspiele	2.2.3
	켤레	Paar	3.2.4
	코끼리	Elefant	3.2.4
corner	코너	Ecke	3.6.9
Cola	콜라	Cola	3.4.1
	크다	groß sein	3.1.7
christmas	크리스마스	Weihnachten	4.3.17
	키가 크다	groß sein (Menschen)	4.1.3
	키우다	halten, aufziehen, hegen (Tiere od. Pflanzen)	5.8.1
kilo	킬로	Kilogramm	3.2.1

	ㅌ		
	타다	einsteigen, fahren	5.1.5
跆拳道	태권도	Taekwondo	2.2.3
television	텔레비전	Fernseher	3.2.4
	토끼	Hase, Kaninchen	3.7.3
tomato	토마토	Paradeiser, Tomate	3.2.1
土曜日	토요일	Samstag	4.1.8
通譯士	통역사	DolmetscherIn	2.5.2
退勤	퇴근	Feierabend, Arbeitsschluss	5.2.3
tulip	튤립	Tulpe	3.2.6
特別하다	특별하다	besonders sein	4.3.1
	틀다	aufdrehen, einschalten	5.5.1

	ㅍ		
fast food	파스트푸드	Fastfood	3.4.1

		파전	Pajeon („koreanisches Omlett")	3.5.3
party	patu	파티	Party, Feier	4.3.12
判事		판사	RichterIn	2.5.2
		팔다	verkaufen	3.1.3
page		페이지	Seite (Buch)	3.2.4
便紙	pueni	편지	Brief	4.3.1
表		표	Liste	4.3.12
表情		표정	Ausdruck	4.2.6
food court		푸드코트	Gastronomiezone	3.6.9
France		프랑스	Frankreich	2.3.1
figure skating		피겨 스케이팅	Eiskunstlauf	2.8.1
疲困하다		피곤하다	müde sein, erschöpft sein	5.6.3

	ㅎ			
		하다	tun, machen	3.1.4
하루 終日		하루 종일	den ganzen Tag lang	5.7.1
	hjumu	하지만	aber	2.1.8
學課		학과	Institut	5.1.1
學校	hakgyo	학교	Schule	3.3.3
學生		학생	SchülerIn	2.1.5
學生 食堂		학생 식당	Mensa (an Schule oder Universität)	5.5.1
學院		학원	Nachhilfeinstitut	5.5.1
		학자	WissenschaftlerIn, Gelehrte(r)	2.14.3
韓國	hanbuk	한국	Korea	2.1.2
韓國 사람		한국 사람	KoreanerIn	2.1.3
韓國말		한국말	Koreanisch	3.7.1
韓國語		한국어	Koreanisch	2.1.3
韓國學		한국학	Koreanologie	2.1.2
韓國學課		한국학과	Koreanologieinstitut	3.6.8
韓人文化會館		한인문화회관	Korea Kulturhaus	4.1.15
		할머니	Großmutter, Frau im Alter einer Großmutter	5.4.1
恒常		항상	immer	5.8.1
		햄버거	Hamburger	3.4.1
行事		행사	Veranstaltung	4.1.9
香水		향수	Parfum	3.6.9
health 場		헬스장	Fitnesscenter	5.2.5
health-club		헬스클럽	Fitnessclub	5.1.5
		호두	Walnuss	3.2.6

	호미	Sichel	3.2.6
	호박	Kürbis	3.2.1
	혼자(서)	allein	5.6.3
畵家	화가	MalerIn	2.14.3
火가 나다	화가 나다	wütend warden	5.5.1
貨物船	화물선	Frachtschiff	3.2.6
火曜日	화요일	Dienstag	4.1.14
化粧室	화장실	Toilette	5.1.1
化學	화학	Chemie	2.10.4
環境美化員	환경미화원	StraßenkehrerIn	2.5.2
皇后	황후	Kaiserin	2.14.3
	회덮밥	*Hoedeopbap*	3.5.3
會社	회사	Firma	3.6.7
會社員	회사원	Firmenangestellter	2.5.2
會議	회의	Sitzung, Konferenz	4.1.9
後輩	후배	*hubae („junior")*	5.1.10
休暇	휴가	Urlaub, Ferien	5.1.7
休息 時間	휴식 시간	Pause	5.2.3
休日	휴일	Feiertag	4.3.17